ICT
を使いこなせる
教員養成講座

1人1台端末と
クラウド環境で
授業できるように
なるために

Information and
Communication
Technology

信州大学教育学部
附属次世代型学び研究開発センター［編著］
信州大学教育学部／教育学研究科／
附属学校園［著］

堀田龍也［監修］

さくら社

これからの学校教育を支える教員養成と教育実習とは

堀田龍也 ●東北大学大学院情報科学研究科・教授／信州大学教育学部附属次世代型学び研究開発センター・特任教授

私たちは今、70数年ごとに生じている教育改革の渦中にあります。
学制発布、戦後の教育改革に続く3回目の教育改革がGIGAスクール構想です。
時代の変わり目にある今、教育実習もまた大きく変化する必要があります。

❶ 今の学校現場は大転換期にある

1872年（明治5年）の学制発布の前は、日本には現在のような学校は存在せず、寺子屋による教育が行われていました。学制によって、小学校（当時は小学校だけが義務教育でした）への就学義務が課され、授業料無償化などの学校制度の骨格が整えられました。この学制発布が、日本の教育改革の1回目と言われます。

2回目は戦後の教育改革です。1945年（昭和20年）の終戦後に教育基本法や学校教育法などが公布され、義務教育は9年制となります。さらに、学習指導要領や教科書検定などの制度が敷かれ、教員養成は大学で行うこととなり、現在の公教育が形作られました。

その後、日本は高度経済成長を経て、豊かな時代を迎えます。この間も様々なことはありましたが、これまで述べた2回の教育改革に比べれば、さほど大きな制度変更はありませんでした。

ところが、この数年で、学校現場は大きな曲がり角を迎えています。

たとえば急速に進行する少子化の問題があります。児童生徒数は長期にわたって減少傾向が続いています。学校の統廃合が進みました。児童生徒数が減少すればよい教育が実施しやすくなるように思われますが、教職員数は児童生徒数に対する比率で決まっていますから、教職員数も減少しています。一方で児童生徒も家庭も多様化が進行し、発達に課題のある児童生徒の増加、外国人児童生徒の増加など学校が対応すべき教育課題はむしろ増えていて、結果として人材不足が生じています。これが教員の多忙化の一因です。

高度経済成長が終わり、バブルも崩壊して、今では経済低成長の時代に入っています。1人あたりのGDPを見ても、日本はすでに経済的に凡庸な国と言わざるを得ません。非正規雇用が3分の1に達し、家庭環境や貧困が深刻な課題になっています。情報化の進展によってテレワークなど時間や場所に制限されない働き方が一般的になってきましたが、そういう新しい社会の仕組みがまだ公教育に携わる教職員の労働環境には取り入れられていない現実があります。学校の情報環境は他の業種と比べるとかなり劣悪です。

社会の多様化が進み、ダイバーシティ＆インクルージョンが推進される中、学校教育もこれに対応することが求められています。一様性と同調性が高かった学校教育の枠組みのままで対応しようとすることは、たとえば

不登校児童生徒の増加に繋がる懸念が高まることになります。日本全体が一直線に同じ方向に向かっていく時代ではなく、それぞれの幸せをそれぞれが体現する Well-being の時代に入り、個々の児童生徒の興味関心に応じた学び、児童生徒が自分で選択し決定していく学びが求められるようになっています。

　これらに対応するために 2019 年（令和元年）末に「GIGA スクール構想」が公表されました。義務教育段階の児童生徒に 1 人 1 台の情報端末を提供し、高速ネットワーク経由でクラウドベースの学習環境を提供しようというものです。児童生徒がダイレクトに学習リソースにアクセスしながら学ぶことによって、学校教育に求められる多様性に対応しようということです。

　GIGA スクール構想によってもたらされたのは教育基盤の大きな変革です。学制発布、戦後の教育改革に続く、まさに 3 回目の教育改革なのです。私たちは今、時代の変わり目にいます。

❷ GIGA 時代の教員養成・教育実習の在り方とは

　中央教育審議会が令和 4 年 12 月 19 日に提出した「「令和の日本型学校教育」を担う教師の養成・採用・研修等の在り方について（答申）」では、これから求められる教師像として以下の 6 点が掲げられています（番号は筆者が付与）。

1) 変化を前向きに受け止め、教職生涯を通じて学び続ける
2) 子供一人一人の学びを最大限に引き出す役割を果たす
3) 子供の主体的な学びを支援する伴走者としての能力も備えている
4) 多様な人材の教育界内外からの確保や、

教師の資質・能力の向上により、質の高い教職員集団を実現する
5) 多様な外部人材や専門スタッフ等とがチームとして力を発揮する
6) 教師が創造的で魅力ある仕事であることが再認識され、教師自身も志気を高め、誇りを持って働くことができる

　1) は、激動の時代を乗り越える教師には学び続けることが必要であることを示しています。社会が大きく変化し続ける時代であり、児童生徒の多様性がさらに広がる現実の中で、その対応を多忙な毎日の中であっても学び続ける姿勢が求められています。

　2) 3) は、「教師が教える」ことのみならず「児童生徒が学びとる」ことを尊重し、その支援こそがこれからの教師の役割だということです。その際、教師だけで教育を囲いこむのではなく、4) にある外部人材に適切に頼り、5) にあるように学校のスタッフの個々の特性を補完し合う形でチームになることが求められています。

　これらにより、教師という職業が元来持っていたよさの再確認が 6) のように行われるということになります。

　これらを成立させるためには、教員養成の段階で、社会の変化、とりわけ学習環境の変化を敏感に感じられるような学習体験が必要です。つまり教員養成のカリキュラムが、常に自己更新される仕組みになっていることが求められます。たとえば、学校現場が 1 人 1 台の情報端末を活用した授業をしているのに、教員養成段階ではまだ一斉講義が中心だとしたら適切とは言えません。情報端末を用いた大学での授業が、教育実習で実践することになる授業の相似形になっていることが重要です。学び手として情報端末を活用した学

習体験が希薄な教育実習生が、教育実習で実効的な授業での活用を実現できるはずがありません。また、大学での教科教育法等の講義の中でデジタル教科書が活用されているかどうかは、教育実習時での活用に影響するでしょう。

また、教育実習先の学校現場が、情報端末の活用を前提とした授業実践を進めていることも必要です。とはいえ GIGA スクール構想が始まってまだ数年であり、同時にコロナ禍対応もあったため、学校現場の ICT 活用にはそれなりの混乱が残っています。教育実習校には、教育実習生の ICT 活用指導力に期待する部分もあるでしょう。旧来からの授業方法の指導を教育実習生に伝えるだけでなく、新しい ICT 環境での授業方法については教育実習生と共に考えていくようなことも可能でしょう。

❸ GIGA 時代の教育実習に期待する

教育実習では、実習校の先生方の優れた授業を観ることになります。しかし、授業を「観る」のにも一定の知識が必要です。授業に関する知識やスキルと、授業を観て理解できることには関係があるのです。「理論と実践の往還」と言いますが、教員養成段階で学んだ知識を教育実習で実践化したり、教育実習での観察や実践で得た省察を大学に戻ってから学びとして深めたりするというような往還が必要です。

教育実習生には指導教員と同程度の授業実践を行うことが期待されているのではありません。なんとなく授業がうまくいったとしても、それは教育実習生ががんばったことだけが理由ではなく、むしろ指導教員はじめ教育実習校の先生たちがそれまで育ててきた児童生徒の理解力や学級経営によるものです。

ですから教育実習生は、すばらしい授業実践を行うことよりむしろ、たとえば指導教員の授業の「仕組み」を説明できることを目指してほしいものです。まずは教員養成で学んだ知識で実践を説明できることが最初のステップです。たとえば、この授業場面で動画を撮影させているのはなぜか、Google Jamboard™ に書き込ませるための発問や指示はどうなっているか、簡単な指示で児童生徒がサッと学びの態勢になっているのはそれまでにどのような指導が行われてきたからなのかというようなことを説明できるかどうかということです。

第 3 の教育改革の渦中にある学校現場での教育実習です。教職を希望する者がかつて受けてきた授業とは異なることがたくさんあるはずです。指導教員もまた、昔と同じようには指導しないはずです。GIGA スクール構想による学習基盤を活かす教師の育成に大きな期待が集まっています。

中央教育審議会（2022）「令和の日本型学校教育」を担う教師の養成・採用・研修等の在り方について〜「新たな教師の学びの姿」の実現と、多様な専門性を有する質の高い教職員集団の形成〜（答申）
https://www.mext.go.jp/b_menu/shingi/chukyo/chukyo3/079/sonota/1412985_00004.htm

CONTENTS | **ICTを使いこなせる教員養成講座**
1人１台端末とクラウド環境で授業できるようになるために

小学校のクラウド活用 2
学びを支える手立てとしてのICT活用
◉附属松本小学校

特別支援学校のクラウド活用
児童生徒の内面を引き出す活用
◉附属特別支援学校

▌ 体制解説 ▌

GIGA スクール構想を実現できる先生を目指して

村松浩幸 ●信州大学教育学部・教授・学部長

信州大学教育学部では、臨床経験科目と ICT 活用指導力育成科目とを連携させた教育課程により、GIGA スクール構想を実現できる先生の育成を目指しています。そのポイントは、多くの先生方が関わる共同指導体制と、教育実習での ICT 活用授業必須化です。

❶ GIGA スクール構想に対応した教員養成

　将来予測困難な VUCA（Volatility：変動性、Uncertainty：不確実性、Complexity：複雑性、Ambiguity：曖昧性）の時代、様々報じられているように、教員養成を含めて教育を取り巻く課題は山積です。ICT 活用においても、先進諸国のなかで学習場面におけるデジタルデバイスの使用の低調が課題となっています。しかし、私たちの社会を持続させていくためには、どのような困難な状況であっても次世代を育てる教育が必要不可欠であることはいうまでもありません。そこで大きな力になると期待されているのが、GIGA スクール構想です。GIGA スクール構想の実現によって、日本型教育のよさを大事にしつつ、GIGA（Global and Innovation Gateway for All）の表記にあるように、全ての子どもたちが世界と創造の扉を拓いて欲しいと願っています。そのためには、教職課程全体を通じて ICT 活用指導力を総論的

に修得し、継続的に新しい知識・技能を学び続けることができる教員の育成が必要です。

　信州大学教育学部では、こうした背景を受け、GIGA スクール構想実現ができ、「令和の日本型学校教育」を担う高い資質・能力を備えた「学び続ける教師」を育成するために、学部のみならず、教職大学院、附属学校において、教員養成から学校現場の実践までを通じた一体的な取り組みや研究を重ねてきました。本書はその成果の一端です。

❷ 「理論」と「実践」の往還カリキュラム

　学生の ICT 活用指導力向上の前提として、本学部では、臨床経験科目と Society5.0 時代に対応させた教職科目でカリキュラムを構成しています（図1）。教育実習のほぼ全てを、

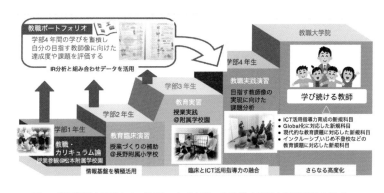

図1　附属学校と連携した「理論」と「実践」を往還する臨床経験科目の構成

附属学校園（幼稚園1校、小学校2校、中学校2校、特別支援学校1校）で行っており、2022年度からは、教員採用試験早期化の動きに対応し、前年まで3・4年生で実施していた2つの教育実習を全て3年次実施に変更しました。3年次の教育実習を軸に、1、2年生での授業参観や教育実習での3年生の授業作りの補助をする臨床科目を各附属学校で展開し、3年次の教育実習につながる基礎を作り、4年次では、市内公立校での実践演習に取り組み、さらに教職大学院で発展させていく連続的な教育課程です。ここにICT活用指導力育成を段階的に取り入れています。

この教育課程では、附属学校との連携・協力がとても重要ですが、こうした臨床科目での実践と他科目における理論との往還は、他の教員養成学部においても適用可能だと考えています。

❸ 臨床経験科目と ICT活用指導力の連携

お陰様で、本学部のICT活用指導力育成は、文部科学省の関係部署はじめ、各方面から高い評価をいただいています。それを支えているのが、前述の臨床経験科目とICT活用指導力育成の4領域8科目の連携です(図2)。初年次より体系的に学びを積み重ねると同時に、例えば小学校のプログラミング教育からクラウド活用、さらにはデータサイエンスやデジタル教科書と、時代の要請に応じた内容へ更新し続けています。この連携の中で柱となる教育実習で

のICT活用授業の必須化は、2014年から開始され、学生のICT活用指導力向上と共に、本書籍で紹介するような様々な実践が展開される下支えになっています。そして展開をマネジメントしているのか、附属次世代型学び研究開発センター（学びセンター）です。

臨床経験科目とICT活用指導力との連携のポイントは、①多くの先生方が関わる共同体制でのICT活用授業、②教育実習でのICT活用授業必修化の2点に集約されます。

① 多くの先生方が関わる共同指導体制

通常、ICT活用の授業と言えば、その専門の先生が担当するかと思います。しかし、本学部では、ICT活用指導力を育成する中心授業「コンピュータ利用教育（2年必修）」では、1996年の開始より、全コースの先生方が関わり、展開されてきました（東原2019）。基本的な部分を揃えるために、ガイダンスの初回では、学びセンターが担当し、ICT活用、クラウド活用のポイントや実践イメージなど伝えた上で、主に教科単位となっている各コースにおいて、コースの先生方が各教科の特性や実践も活かしながら授業を展開してもらっています。

各コースの先生方が担当することで、ICT活用が各コースでの自分事になり、コースの

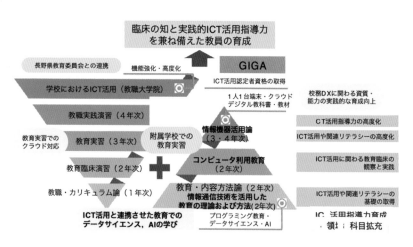

図2　臨床経験科目とICT活用指導力育成の4領域8科目との連携

教科指導法など他授業でのICT活用にも広がります。また、本書責の主テーマであるクラウド活用のような新しい内容に対し、学びセンターが中心になり、教材を含めてその構成や展開を先生方の研修であるFDとして実施し、教材提供や技術的支援等も対応しています。

「新しい内容に対し、新しい授業を作っていくと教育課程のオーバーフローを引き起こしますが、本学部の共同的な運営方法により、授業設定自体は変えなくても常に最新の内容に対応かつ、それを各領域の教育に展開可能にしています。この成果が最も見えたのが、COVID-19の感染拡大に伴うオンライン授業対応でした。小中高の休校措置を受け、学びセンターがすぐ対応に動き、学部の先生方を対象にZoom使用やオンラインの授業設計FDを実施しました。学生らは、入学時よりノートPC準備を必須にしていましたし、授業にICT活用を取り入れている先生方も多く、かなりスムーズでした。結果的に、全8学部、最速でオンライン対応ができました。これはICT活用指導力育成を「多くの先生方が関わる共同指導体制」で進めてきた成果でもあります。限られた先生方が奮闘されるのではなく、多くの先生方に関わっていただき、自分事にしてもらうことは、学校現場のICT活用推進にも通じるのではないでしょうか。

② 教育実習でのICT活用授業必須化

本学部では、2014年から教育実習事前・事後指導の単位認定条件として、実習期間中のICT活用のレポートを提出させています。これにより、教育実習でのICT活用が事実上の必須条件となっています。もちろんこれはすぐにできたわけではなく、ICTの環境整備や人的対応などの積み重ねと附属学校での協力体制があってこそ実現しました（東原2019）。2022年度では、教育実習でのク

ラウド活用が展開できるように、必要なポリシーを設定し、学生に実習専用アカウントを発行するなどの対応を進めました。教育実習でのICT活用必須化で、学生らのICT活用指導力が高まると共に、附属学校側の日常的なICT活用の推進にも多いに寄与しています。本書の実践はこうした取り組みに支えられ、展開されているのです。

❹ 次のステージ 校務のDXへの展開

学校現場での働き方改革の動きを受け、校務のDX（デジタル・トランスフォーメーション）についての必要性が高まっています。そこで本学部では、児童・生徒対象のICT活用指導力育成に加え、校務のDXについても対応を進めています。教育臨床活動を通じて、学校現場で行われている校務がどのようなものであるかを理解し、適切に使える知識や技能を習得したり、GIGAスクール構想におけるクラウド活用がもたらす利便性に気づき、働き方改革に寄与しようとする思考力や想像力を養ったりするなど、クラウド活用による校務処理の学びを通じ、学生が「校務のDXに対する見方・考え方」を働かせることができるように教育課程をバージョンアップ中です。

以上、本学部での取り組みの背景を紹介しました。私たちは、これらの教育を通じて、変化が進む学校現場に対応し、他の先生方と一緒になってその変革を進め、未来に向けた教育実践を展開してくれる学生を育てるために取り組み続けます。本学部の取り組みが、本書を手に取った方々の実践や研究の一助になれば幸いです。

〈参考文献〉
東原義訓（2019）教育の情報化に対応できる教員の養成を目指した信州大学教育学部の歩み、信州大学教育学部附属次世代型学び研究開発センター紀要　教育実践研究、18、79-88

教育実習前に確認したい ICT 活用指導力やクラウドスキル

教育実習で ICT 活用授業を行うことにより、教育実習生は教員としての ICT 活用指導力を高めることができます。教育実習では指導教員の先生がいて、同じ仲間がいて支援や助言をしてくれます。積極的に ICT 機器やクラウドを活用しよりよい授業づくりに挑戦しましょう。

❶ 教育実習で ICT 活用授業にチャレンジしよう

みなさんは、教育実習に対してどのようなイメージを抱いていますか。児童生徒の前で学校教員のタマゴとして教壇に立ち、児童生徒は自分の授業を聞いて、様々な事柄を学びます。「授業は指導案どおりにうまくいくだろうか」「今日のねらいを達成して授業時間内に授業を終えることはできるだろうか」。初めての授業に、みなさんは緊張と不安でいっぱいのことでしょう。

しかし、教育実習で指導してくださる先生方の立場からすれば、教育実習生がいきなり自分たちと同じレベルの授業をできるとは思っていません。指導教員の先生方のような授業を行うには、長年の指導経験とそれに裏打ちされた指導スキルが必要です。つまり、授業は一朝一夕でできるようになるものではなく、日々の積み重ねが必要なのです。

では、教育実習では授業"らしい"ことを行って、決められた回数の授業をなんとなくこなせばよいのでしょうか。当然、そのようなことはありません。教育実習は学部授業で学んだことを総合的に実践する貴重な場です。これまでに大学で身につけた知識やスキ

ルを学校現場のなかで実践し、「これまでにどのようなチカラを身につけることができたのか」「これから卒業までに学ぶべき事柄は何なのか」を省察するための絶好の機会です。そのためには、失敗を恐れてはいけません。誰もがいきなり完璧にできるようになることは決してありません。失敗や反省を繰り返しながら、自分の知識やスキルを高めていくものです。

教育における ICT 活用は、学部の授業で機器の使い方や実践事例を知っただけでは、その機能や利点を十分に発揮させることは難しいです。図1は、技術（テクノロジ）を活用した教員の力量形成をとらえる「技術と関わる教育的内容知識」（TPACK：Technological Pedagogical Content Knowledge）の概念図です。この図を見て分かるとおり、①教育（とりわけ子ども理解・教育方法・評価等）に関する知識（PK：Pedagogical Knowledge）、②内容（教科内容）に関する知識（CK：Content Knowledge）、そして③技術に関する知識（TK：Technological Knowledge）の各内容がバランスのよい円を描けていることが望まれ、その3つの円が重なる部分にあるTPACK が ICT 機器を効率的・効果的に活用する教員の力量形成を図るために極めて重要

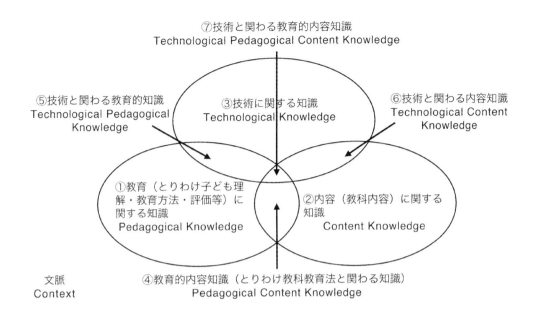

⑦技術と関わる教育的内容知識
Technological Pedagogical Content Knowledge

⑤技術と関わる教育的知識
Technological Pedagogical
Knowledge

③技術に関する知識
Technological Knowledge

⑥技術と関わる内容知識
Technological Content
Knowledge

①教育（とりわけ子ども理解・教育方法・評価等）に関する知識
Pedagogical Knowledge

②内容（教科内容）に関する知識
Content Knowledge

文脈
Context

④教育的内容知識（とりわけ教科教育法と関わる知識）
Pedagogical Content Knowledge

図1　技術と関わる教育的内容知識の枠組みとその知識の構成要素
（Koehler & Mishra、2008 ／小柳訳、2016）

なものとなってきます。つまり、ICT を使うスキルばかりが大きくなってしまっても、教育方法や教科教育に関する知識やスキルが身についていなければ、その ICT 活用スキルも単なる宝の持ち腐れになってしまう可能性があります。逆に、教育方法や教科教育のことばかりに気を取られてしまい、ICT 活用の機会を逸してしまえば、技術に関する知識やスキルを身につける機会を失い、バランスのよい力量形成が図れないばかりか、効率的な授業づくりに支障を来してしまい、先に述べたように授業時間ばかりが気になって、本来やるべき授業実践ができなくなってしまうかもしれません。

　教育実習は失敗を恐れず、自分たちが学部授業のなかで学んできたことや培ってきたスキルを発揮して "チャレンジ" する場です。教育実習での ICT 活用授業は、ただでさえ授業実践の経験がないなかで「うまく大型提示装置に映らなかったらどうしよう」「端末が動かなくなってしまったり、操作が分からなくなってしまったりしたらどうしよう」など、

不安や心配を感じて二の足を踏んでしまうこともあるでしょう。しかし、教育実習には、指導教員の先生方が付いてくださり、どうしても困ってしまったり助けを求めたりしたい場合には、最小限の支援や補助をしてくれます。時には、同じ教育実習生の仲間たちが助けてくれることもあるでしょう。TPACK を形作る PK や CK、TK の円がどんなに小さくても構いません。小さいながらもこの3つの円がバランスよく重なり合った ICT 活用授業実践を1つでも多く経験することが、ICT 活用授業の知識やスキル向上につながり、また児童生徒のためのよりよい授業づくりの第一歩になります。

❷ ICT 活用指導力とは何か

　教育実習での ICT 活用授業に向けて身につけるべき ICT 活用指導力とは何でしょうか。

　毎年3月、すべての学校教員が、文部科学省の「教員の ICT 活用指導力チェックリスト」を用いて ICT 活用指導力に関する調査を受けています。A1 〜 D4 までの4分類全 16 項目

について、ICT 環境が整備されていることを前提として、「4：できる」「3：ややできる」「2：あまりできない」「1：ほとんどできない」の4段階で回答します。みなさんのICT 活用指導力はいかがでしょうか。

「教員のICT 活用指導力チェックリスト」（文部科学省）

ICT 活用指導力は、教育実習において少なくとも1回以上のICT 活用授業実践を行うことによって、その前後で確実に向上することが明らかになっています。図2はある年における教員養成学部3年生の教育実習前後でのICT 活用指導力の調査結果を示したものです。教育実習期間中に平均3.78回のICT 活用授業実践を行った結果、ほぼすべての項目について教育実習後の方が教育実習前よりもICT 活用指導力が向上していることが分かります（森下ほか、2018）。このことから、ICT 活用指導力を高めるためには、教育実習

の場において、失敗を恐れずに、何よりICT 活用授業を実践することが大事と言えるでしょう。

図3　教育実習生の授業に生き生きと臨む児童

❸ ICT 活用指導力に紐づいた クラウド活用

GIGA スクール構想を通して、児童生徒1人1台端末とクラウド環境が整備されました。これによって、教育実習におけるICT 活用授業はますます進むことでしょう。

例えば、ICT 活用指導力チェックリストA-3 では、「授業に必要なプリントや提示資

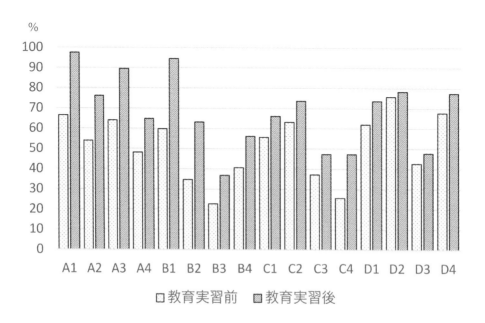

図2　教育実習前後でのICT 活用指導力変化

料、学級経営や校務分掌に必要な文書や資料などを作成するために、Google ドキュメント、Google スプレッドシートや Google スライドなどを活用する」と読み替えることができます。これによってどのような利点が生まれるでしょうか。これまでの教育実習は、自分のコンピュータのなかで作業が完結し、他の実習生と教材や学習指導案などを共有したり、同時編集したりすることがありませんでした。しかし、クラウド技術を活用することで、同じ教育実習生同士の教材研究の進捗状況や学習指導案を見たり書き加えたりすることができるようになり、時には他の教育実習生から授業づくりのヒントをもらったり、学習指導案に対するコメントやアドバイスをもらったりすることが非同期的にクラウド上で実現します。

C-4 のように児童生徒が互いの考えを交換し共有して話し合いなどができる場面では、Google Jamboard やスライドなどを活用することで、即時に児童生徒の考えを知ったり、アイデアを共有したりできるだけではなく、教師であるみなさんも児童生徒の考えを端末上ですぐに把握することができ、児童生徒 1 人 1 人の考えを余すことなく知ることができるようになります（図 4）。

教育実習でクラウドを活用するには、日常的にクラウドを利用していることが望まれます。それは、日常的に自動車を運転していないと車幅の感覚などが鈍ったり、操作ミスが生じたりするのと同じように、日常的にクラウドを活用していないと当たり前のように使いこなすことができず、よさをつくり出すことが難しくなってしまうためです。

どのタイミングでどのように児童生徒にクラウドを活用したらよいか。それは TPACK でいうところの PK と CK に基づいて児童生徒に最も効果的であると考えられる授業展開を考え、それらを実現するために必要な TK となるクラウドスキルに委ねられます。クラウドはインターネット上にあるからこそ、誰でもどこからでも自由にアクセスできますが、公開範囲や閲覧・編集権限の設定など、適切な管理スキルを身につけておくことも必要です。人に危害を加えるからハサミを使わないという人がいないのと同じように、その使い方を正しく理解していれば大変便利なツールとなります。教育実習だからこそできる経験のひとつとして、クラウドを活用した授業づくりにもチャレンジしてみましょう。

〈参考文献〉
Koehler、M.、J.、& Mishra、P.（2008）Introducing TPACK. In AACTE Committee on Innovation and Technology（Ed.）、Handbook of technological content knowledge (TPCK) for educators. New York and London: Routledge. 小柳和喜雄（訳）（2016）教員養成及び現職研修における「技術と関わる教育的内容知識（TPACK）」の育成プログラムに関する予備的研究. 教育メディア研究、23（1）：15-31
森下孟、谷塚光典、東原義訓（2018）教育実習での ICT 活用授業実践による ICT 活用指導力への効果. 日本教育工学会論文誌、42（1）：105-114

図4　共有アプリを用いて他者の考えを知る

教育実習前に確認したい ICT 活用の方法と技術

佐藤和紀 ●信州大学教育学部・准教授

ICT の活用には「効果的に活用する領域」と、「自由自在に活用する領域」とがあります。それは、児童生徒に何を習得させたいのか、どのように活用させ、探究させたいのか、といった学習目標と関わっています。

❶ ICT を授業に活かす、学校生活に活かす

GIGA スクール構想によって、児童生徒に 1 人 1 台の情報端末が整備されました。学生の皆さんが教育実習に行く学校でも情報端末が児童生徒 1 人ひとりの机上にあるはずです。しかし、学校に導入されている ICT はそれだけではありません。皆さんが子どもの頃から教室にあった ICT 機器ももちろん整備されています。

まず思い浮かべるのは、大型提示装置です。大型のディスプレイやプロジェクターをイメージすることができるはずです。教員が児童生徒に教材を見せて説明するためには欠かせない ICT 機器です。自治体や学校によって設置場所は様々ですが、教室の前方に置かれることがほとんどです。

次に、大型提示装置に接続されているのが教員用のコンピュータです。ここにはコンピュータの基本的なアプリケーションがインストールされているほか、すでに多くの学校では指導者用デジタル教科書が導入されています。また、児童生徒に導入された情報端末と同じ種類のアカウントが教員にも配布されています。例えば、Chromebook が整備されているとすれば、先生方にも Google のアカウントが付与されています。このアカウントを活用し、Google Classroom や Google Chat™ を通して、児童生徒に生活に関わる連絡をしたり、授業に関わる情報を発信したり、やりとりしたりします。休校になったり、体調不良等で教室に来られなかったりした子にも、当然学習の機会が提供されなければいけません。そういう場合は Google Meet™ や Google Classroom が活用され、同期（リ

図1　大型提示装置で教材を映し出す

図2　いつでもどこにいても学習の機会を保障する

欠席児童もクラウドから参加

アルタイム）的に、あるいは非同期的に学習情報が提供されたり、児童生徒同士の交流の手段として活用されたりしています。

　他にも多様なツールが導入されている自治体や学校もありますが、基本的には指導者用デジタル教科書と Google Workspace for Education などの汎用アプリケーションが導入されていると考えてよいでしょう。

　大型提示装置に接続されているのは教員用コンピュータだけではありません。実物投影機や書画カメラという ICT 機器です。これは、実物をレンズで映して、そのまま大型提示装置に映し出します。教室で何かと実物を見せて指示をしたり説明をしたりすることが多いので、とても便利です。ずっと電源をつけっぱなしで、いつでも使える状態にしている先生も多くいます。写真のように児童生徒が学習の成果を発表する機会にも使われます。

　こうした ICT 機器の整備は、なんとなく行われているわけではなく、国の整備方針によって整備されてきた経緯があります。例えば、平成 30 年には都道府県教育委員会教育長宛で「第 3 期教育振興基本計画を踏まえた、新学習指導要領実施に向けての学校の ICT 環境整備の推進について」が通知されています（文部科学省 2018）。平成 30 年には学習者用コンピュータは 3 クラスに 1 クラス分をめどに整備が進められました。

　その後、2020 年に GIGA スクール構想に

図3　児童生徒も実物投影機を活用する

教育のＩＣＴ化に向けた環境整備5か年計画（2018〜2022年度）

図4　教育の ICT 化に向けた環境整備 5 カ年計画（文部科学省）

よって、残りの 2 クラス分を整備することになりましたので、ここで児童生徒 1 人 1 台の情報端末の整備が完了したことになります。一方で、この ICT 機器の整備は「地方交付税交付金」によって整備されます。文部科学省は学校の ICT 整備のための地方交付税交付金を各自治体に予算配分します。

　しかし、地方交付税交付金の最終的な使い道は自治体に委ねられていますから、ICT 整備に地方交付税交付金を活用しなかった自治体の ICT 整備は大変遅れていました。その遅れは GIGA スクール構想にも響き、3 クラスに 1 クラス分が整備されていなかった自治体では、GIGA スクール構想が始まったのに児童生徒が全員、情報端末を持っていない、という事態に陥りました。

　そうした自治体の多くでは低学年の児童が後回しにされていましたので、低学年児童の ICT 活用が進みませんでした。未だに低学年は ICT を活用しなくてもよい、と考える自治体もあるようですが、低学年で活用していないということは、他の自治体と比較すれば、中学年の ICT スキルは雲泥の差ですし、コロナ禍の休校では、このような自治体でオンライン授業ができなかったと言われています。

❷ ICT を効果的に活用する

　ICT を効果的に活用する、という言葉を聞いたことがありますか。学校現場では多用さ

れている言葉になります。では効果的とは一体どういうことかをとらえていく必要があります。それは、学習目標と対応して考えていかなければなりません。学習目標を習得・活用・探究という3つの段階を例に考えてみます。

習得の段階では、事実的知識を覚えたり、技能の習得をしたりする、すなわち、できるようになる、という段階です。覚えたりできるようになったりする段階では、「繰り返し」学習することが近道であることは学生の皆さんもよく理解できると思います。例えば、漢字を覚えるときは、繰り返し書きます。詩の音読も繰り返し読み、暗記したこともあるはずです。計算はどうでしょうか。これもやはり繰り返し計算する、少し数字が変わった問題を繰り返し計算する、さらに難しい問題を繰り返し計算する、といったように「繰り返し」学習してきました。この繰り返しがコンピュータは大の得意分野ですから、知識や技能の習得のために効果的なICTの活用の領域があることが理解できると思います。

❸ 繰り返しに有効なICT

ICTを活用して「繰り返し」学習する方法としては、「フラッシュ型教材」があります。フラッシュ型教材はGoogleスライドなどのプレゼンテーションのアプリケーションを活用します。これは、フラッシュカードをICT

図5　フラッシュ型教材の活用

化したもので、基礎基本の習得を図るための手段の1つです。知識をなんとなくではなく「確実」に覚えさせる方法の1つとして知られています。また、短時間で毎日、毎時間行ったり、授業にいいテンポを与えたりする点で効果的だと言えます。

例えば、算数で帯分数を仮分数にすることを習得するためのフラッシュ型教材に取り組むとします。最初はゆっくりと取り組み、答えも確認します。2回目は答えの確認なしで進めます。3回目はスピードアップして答えさせていきます。このあたりまでくると児童の息や声、テンポが合ってきます。これを数回繰り返していきます。レベルを上げる場合は答えを出さない構成にしたり、数字を少し変えてみたりします。取り組みになれてきたクラスでは、児童同士でフラッシュ型に取り組むクラスもあります。

最近ではデジタルドリルやAIドリルも登場し、学校現場への導入が進んでいます。正答誤答をコンピュータが瞬時に判定し、それがデータとして示されます。自分の得意不得意が可視化されますから、このデータを上手に活用して繰り返し取り組むことで習得が見込まれます。なんとなく取り組ませるのではなく、自覚的に取り組ませ、自分の特徴を掴み、自学自習の力を育むことができれば大変有効な活用になるはずです。

| 1. 帯分数→仮分数（答え） |
| 2. 帯分数→仮分数（答え） |
| 3. 帯分数→仮分数（答え・スピードアップ） |
| 4. 帯分数（答えなし） |
| 5. 帯分数（変化あり） |
| 6. 帯分数（変化あり，答えなし） |
| 変化のある繰り返し，足場かけ→足場はずし |

図6　スモールステップで繰り返す

❹ 指示や説明、焦点化に有効な ICT

実物投影機は、教材を分かりやすく示すICT機器です。写真の先生は算数のワークシートを映して、学習活動の例示をしています。この学校ではホワイトボードとプロジェクターの組み合わせなので、ワークシートをホワイトボードに投影して、ホワイトボードに直接書き込みをしています。教員にとって使いやすい活用と言えます。

図7　指示や説明を大きく示す

また、指示が伝わりにくい説明にも有効です。例えば、「教科書38ページのここを見てください」と指示をしたとします。しかしそれだけではすぐに見つけられない可能性があります。児童生徒には教員の簡単だと思う普通の指示が伝わらないことがよくあります。そういった場合に、教科書を大きく映して指で指し示すことが有効です。指示が通っていないのに授業を進行してしまえば、すぐに見つけられなかった児童生徒はそこから遅れていきますし、その連続が、「わからない」につながってしまいます。児童生徒の「わからない」をいかに少なくするか、そのとき実物投影機が大変役に立ちます。

❺ 学校放送番組の活用

NHKのEテレで放送されている学校教育向けの番組のことを「学校放送番組」と言います。誰もが、一度は何かの番組を視聴したことがあるでしょう。かつてはラジオ放送からスタートし、2011年にNHK for Schoolとして番組が放送された日からインターネット上でいつでも視聴できるようになりました。放送される時間に合わせて授業を考えたり、録画して視聴させたりする必要がなくなりましたので、かつてを知っている先生は大変便利になったと感じています。また、インターネットでいつでも視聴できることから、1人1台の情報端末で視聴する学習活動にも発展しており、教員が主導する学習から、児童生徒が選択する学習を進めるうえで、大変役立つ教材になっています。そのため、学生の皆さんはすでに便利な状態で学校放送番組を活用することができます。

この学校放送番組には、番組毎にタイプがあります。1つ目はモデル提示型で、模範となるモデルが提示され、児童生徒にやってみようと思わせるものです。2つ目は揺さぶり型で、自分の考えや想いが揺れていくことを自覚できます。3つ目は知識定着型で、授業のまとめ等に活用しやすく、学習内容を定着させる機能をもちます。NHK for Schoolには10-15分の番組のほか、30秒から1分程度の動画クリップが約7000本公開されており、活用の幅はほぼ無限と言っていいでしょう。学校放送番組は学習指導要領に準拠するように制作され、毎年新番組が作られています。時々チェックして、授業の構想を考えていくと活用しやすくなっていくでしょう。

❻ 「活用」や「探究」の段階で ICT を活用する

「活用」や「探究」の段階では、習得した事実的知識をつなげたり、整理したり、分類したり、表現したりしながら、概念的知識を獲得したり、さらには、見方・考え方を獲得

図8　自分の考えを整理し、オンラインで伝える

していく段階です。習得の段階と比較すれば、知識の質を高めたり、深めたりしていく段階と言えるでしょう。

　図8は、中学生が学習問題に対して、Google Jamboard を活用しながら情報収集し、それを観点別に整理・分類したことを、オンライン上の相手に伝えている場面です。習得した事実的知識の活用が前提となり、個別に整理した情報をさらに協働してまとめ直す過程で、事実的知識の概念化をねらっています。

　また、普段あまり話慣れていない相手や初めて話す相手に、自分の考えを、分かりやすく伝わるように伝えようとする過程で、知識を再整理する活動があると言えます。

　このような段階の ICT 活用を見てみると、ICT を効果的に活用するというより、不自由なく、むしろ自由に活用できるレベルの ICT スキルが児童生徒の身についていることが理解できるはずです。したがって、「活用」や「探究」の段階においては、児童生徒が自分で ICT の活用を判断し、自在に活用できることこそが重要だと言えるでしょう。

❼ おわりに

　そのためには、小学校低学年段階から、ICT を活用しはじめ、緩やかにでも慣れていく必要があるでしょう。ICT をどの年齢から本格的に活用するかについては、どこでも議論が分かれますが、基準としては小学校3年

生の国語でアルファベットやローマ字を学習するあたりから、と言われることがあります。学校はもちろん ICT だけを学習しているわけではありませんから、そのバランスが重要なのが低学年だとしても、触れている学校と全く触れていない学校では雲泥の差ですし、やがて、「活用」や「探究」の段階に困ることがないよう、意図的計画的に「情報活用能力」を育成していきたいものです。

　情報活用能力には ICT 活用のための知識や技能のほか、情報の収集の方法や真偽の判断、整理や分析の方法、表現の方法などを含む探究における情報活用、情報モラル・セキュリティ、プログラミング的思考の4領域があります。もし、これらをバランスよく育んでいなかったら、図8のような活動をするときにも困るはずです。収集してきた情報は正しいのか、どのように情報を整理すればいいか、どのように分かりやすく表現すればいいか分かりませんから、学習活動そのものが成立しません。取り組もうとしても、児童生徒はどのように活用したらいいか分かりませんから、「先生これ分かりません」「先生、やり方教えてください」とクラスのあちこちから呼ばれ、収拾がつきませんし、学習は一向に捗りません。

　この段階で重要なことは、児童生徒が主体的に活動するために ICT スキルが十分に習得されているか、探究における情報活用の知識や方法を知っているか、そしてそれを自分で判断して学習を進めることができるか、にかかっていると言っても過言ではないでしょう。

　教育実習では、先生がどのように ICT を活用しているのか、という先生の活用視点と、児童生徒がどのくらい ICT を活用できるのか、という児童生徒の活用視点で授業を観察し、学生の皆さん自身の授業での ICT 活用に挑戦してほしいと願っています。

本書の教育実習での活用

森下 孟 ●信州大学教育学部・准教授

教育実習は、日々生き生きと活動している子どもたちの個性能力の特性を知り、1人ひとりが自力で自分を高めていけるような指導のあり方を実践的に学ぶ場です。GIGA スクール時代の授業実践のあり方を本書の事例から学び、教育実習での授業づくりに活かしましょう。

❶ 教育実習の意義

　教育実習は大学で学修した教育方法や教科内容に関する知識やスキルをもとに、学校現場で幼児や児童生徒の育成に直接携わることを通して、日々生き生きと活動している幼児や児童生徒の個性能力の特性を知って、1人ひとりが自力で自分を高めていけるような指導のあり方を学ぶ場です。そのなかで、教員としての、ものの見方や考え方や気持ちの持ち方を身につけ、専門職としての資質・能力を高め、子どもたちと生活を共にして、指導の立場を体験することにより、次代を担う若い生命に対する敬愛と、1人ひとりを育てる教育の使命とを胸に刻み、生涯にわたる修養の必要性を実感する貴重な機会です。

　教育実習は、単なる経験や練習の一環ではありません。皆さんは、毎日毎時間、かけがえのない成長を続けている子どもたちのなかへ、やり直しのきかない授業の実践者として参画します。したがって、今までの学問研究をもとにして、学校現場の教員や児童生徒に学びつつ、全力を尽くしてこれにあたらなければなりません。ありのままの自分を謙虚に振り返り、新たな自己課題を把握し、実践を通して、教員を目指す者としての人格と実力

とを高め、教育へのひたむきな情熱を培うところに、大きな意義があるのです。

❷ 本書のねらい

　本書は、教育実習生が GIGA スクール構想によって整備された1人1台端末とクラウド環境のもと、ICT 活用授業実践を行うために必要となる実践的な ICT 活用指導力を養うためのきっかけになることをねらいとしています。したがって、ICT 機器の使い方や授業づくりのイロハ、教育内容・方法論に関する学術的な解説を対象とはしていません。教育実習生が学校現場での実習授業において、実際に行った ICT 活用授業を紹介し、それらの実践事例をもとに、主に Google Workspace for Education によるクラウド活用とその授業づくりの一助になることを願っています。

　本書では、小中学校および特別支援学校において、教育実習生が1人1台端末とクラウドを活用した実践事例を取り上げています。これらの事例を皆さん自身が真似をして、そのとおりに授業を展開してもらうことを本書は望んでいません。あくまで取り組みの一部を紹介しているものであり、授業をつくるのは教育実習生である皆さん自身とその授業を受ける児童生徒たちです。したがって、児童

生徒の発達段階や教科に応じた GIGA スクール時代の授業実践のあり方を、先輩たちの事例から学び、皆さん自身の授業づくりに活かしていただきたいと考えています。

❸ 本書に取り組む前に

本書に取り組む前に、ICT 活用の基礎的な知識やスキルを身につけておきましょう。

本書で紹介されている実践事例は、教員用コンピュータと大型提示装置（電子黒板や大型モニタを含む）を接続し利活用できることが前提となっています。教員用コンピュータと大型提示装置の接続に自信がない場合は、以下の説明を参考に、大型提示装置に自身のコンピュータを接続し、大型提示装置に投影する練習からはじめましょう（図1）。

1 ケーブルの種類を確認しよう

教員用コンピュータと大型提示装置を接続する際には、HDMI または VGA（D-Sub 15pin）ケーブルを利用します。HDMI ケーブルは1本で映像と音声の両方を大型提示装置から出力することができますが、VGA ケーブルは映像しか出力することができません。VGA ケーブルを用いて大型提示装置で動画を再生する場合には、別途音声ケーブルやスピーカーが必要になります。

2 大型提示装置の入力と音量を確認しよう

1台の大型提示装置には複数のケーブルを

図1　大型提示装置への接続演習

接続することができます。そのため、どの入力端子（チャンネル）を映し出すかを選択する必要があります。大型提示装置にコンピュータの画面がうまく投影できない場合には、大型提示装置の入力端子（チャンネル）が適切であるか確認しましょう。

動画などを再生した場合に大型提示装置から音声が出力されない場合には、大型提示装置の音量調整が適切かどうかを確認しましょう。音量がゼロになっていたり、ミュート（消音）ボタンがオンになっていたりする場合、大型提示装置から音声が出力されません。また、教員用コンピュータ自身の音量設定も、大型提示装置と同様に確認が必要です。

3 マルチモニターの設定

教員用コンピュータを大型提示装置に接続した際に、教員用コンピュータに映っている画面とまったく同じ画面を大型提示装置に投影する"複製"モードと、教員用コンピュータの画面と大型提示装置の画面をあわせて1つの大画面として表示する"拡張"モードを選ぶことができます。

教員用コンピュータで入力や編集操作をしながら Google スプレッドシートや Google ドキュメントなどの教材を提示したい場合には複製モードが有用です。教員は手元の画面で入力や編集した内容を確認しながら、児童生徒に大画面でその結果を見せることができます。一方、Google スライドのスライドショーなどを見せたい場合には拡張モードが有用です。教員は、スライドのノートに記録したメモや学習指導案などを教員用コンピュータの画面上で確認しながら、見せたいスライド教材のみを見せることができます。それぞれの機能の特徴を活かしながら複製／拡張モードを上手に使い分けましょう。

いつでも、どこでも、だれとでも

（日常的な ICT 活用）

　これまでの学びを土台に1人1台端末の活用による豊かな学びが児童と教員に生まれています。本章では、各教科等での授業ノートとして文章作成機能や画像撮影機能を活用した実践、クラウドベースのホワイトボードを利用し多様な意見をみんなで分類・整理しながら協同して課題を解決していく実践、そして、授業や児童会活動での発表資料を複数の児童で共同編集できる Google スライドを活用した実践などが紹介されています。1人1台端末による ICT の効果的な活用を通して「協働的な学び」と個々の児童に応じた「個別最適な学び」の充実がこれまで以上に期待できます。また、「先生、今日の社会の勉強は Google Jamboard を使って長野市の特色を考えようよ」と学習方法を教員に提案する児童の姿も見られます。このように、児童と教員が学習の目的に応じて適切な学習方法を考え、学び方を選択していく授業も日常的な ICT 活用の推進によって可能となります。「いつでも、どこでも、だれとでも」学び続けることができる新たな学習機会が教室に生まれています。

大畑健二 ●信州大学大学院教育学研究科・実務家教員

示範実践

実践者：附属長野小学校 岩田 祥
記録者：附属長野小学校 岩田 祥

1年生でも
端末を手にしてすぐできる
撮影から描画まで 写真活用授業

数と数字を学習する算数の単元で1人1台端末を活用した。身の回りにある1～10個のものをそれぞれ見つけ、端末のカメラ機能を使って撮影。さらに、描画ツールを使って、見つけたものとその数を撮影した写真の上に書き込んで、自分の見つけた数を表現した。

小学校に入学したての1年生が、1人1台の端末を活用して学習を展開した。

◆ 1〜10個のものを撮影し
描画ツールで書き込み!

小学1年の数と数字について学習する「かず
とすうじ」の単元（啓林館）で、端末のカメラ
機能と描画ツールを活用した。

端末のカメラ機能で教室
のものを撮影する児童

小学校に入学して最初
の算数の単元で、1〜
10の数の数え方や数字
の読み方と書き方につ
いて学ぶために、身の回り
のものの数を数え、1〜
10個のものをそれぞれ見つける活動を行った。
そこで、見つけたものを端末のカメラ機能で撮
影して記録するようにした。さらに、写真上を
指でなぞって直接書き込める描画ツールを使っ
て、数えたものに印をつけ、その数を数字で書
き込むようにし、何をどう数えたのか表現でき
るようにした。また、写真を見せ合って互いの
見つけた1〜10個のものを交流する機会も設

何をどう数えたのか写真の上に
書き込む児童

けた（※ここでは、
オンライン上の共有
ではなく、画面を直
接見せ合うかたちに
とどめた）。

◆写真をよく見て
自分の考え方を表現できた!

教室にある様々なものの数を数え、1〜10

個のものをそれぞれ撮影した児童たちは、普段
遊んでいる学校の庭でも1〜10の数を見つけ
られるか探しに出かけた。外にあるものや植物、
生き物など、何をどう数えるか、写真に○をつ
けたり、数字を書き込んだりして、自分の考え

数えた部分とその数を描画ツールで書き
込む児童

を表していっ
た。撮影と閲
覧モードの切
り換えや写
真への書き込
み、色の変更
など、手際よ
く操作してい
る姿、ねらっ
た数を探してとらえる姿、同じものから複数の
数をとらえている姿が見られた。

写真撮影や閲覧方法は全員すぐ身につけ、数
えたり、見返したり、他の児童に伝えたりする
ことに役立てることができた。描画ツールにつ
いても実践を重ねることで技能が高まり、撮影
した写真をよく見ながら書き込んで、自分の考
え方を表現していく姿が見られた。見つけた数

数えた部分とその数を描画
ツールで書き込んだ写真

や数え方、端末の操作
方法について児童間で
交流し、理解につなげ
る姿もあった。

写真活用の機能は児
童にとって使いやす
く、自ら活用場面を見
いだしていくことにも
つながっていった。

💡 写真への書き込みによって情報の整理も

端末のカメラ機能を使って撮影することは1年生でも容易にできる。絵や文字で書くよ
りも早く正確に記録でき、見返すこともできる。また、見せることで自分の伝えたいことをわかりや
すく伝えることもできる。瞬時に記録できる分、情報量が必要以上に増えることが懸念されるが、描
画ツールを使うことによって、写真1枚に対して考えが紐づき、情報を整理することにもつながる。
共有ツールを使うことで、協働的な学習に発展させることも考えられる。

実践者：金上壮汰 （実習生）
記録者：附属長野小学校 松元可南子

実習実践

説明したい！
Google Jamboard の花びらで考えた
繰り下がりの引き算

小学2年算数「繰り下がりの引き算」の単元でJamboardを活用した。
教員の準備したイラストを操作しながら引き算の計算過程についての
自分の考えを書き込み、考え方を説明し合ったり、クラス全体で考えを
共有したりする学習を展開した。

◆ Jamboard で動かしながら
　自分の考えを書き込もう！

小学 2 年生算数「くり下がりの引き算」の単元で Jamboard を活用した。事前に教員が

自分の考えを Jamboard に書き込む

Jamboard へ貼り付けた教材（式と 10 枚で 1 輪の花になり自由に動かせるイラスト）を使って、児童たちが自由に操作しながら考えたことを書き込めるようにした。児童たちは、画面上の花びらを操作したり数の分解や合成について考えたことをペンで書き込んだりしながら自分の考えを表していった。一の位の 0 から 8 が引けないと困っていた児童や「$20 - 8 = 12$」と計算の答えは出るがその過程を説明することに戸惑っていた児童たちも、画面上で花びらを動かしたり数の分け方を書き込みながら数をとらえたりすることで理解していく様子が見られた。

このように Jamboard を使うことで解に至るまでの過程や数の合成や分解を視覚的にとらえ

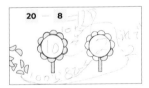

花びらを使って考えを書き込んだ画面

ることができ、他の児童と画面を共有しながら互いの考えを説明し合うことを楽しんでいた。

◆ 友だちに聞いてもらいたい！
　自分の考えを説明しよう

児童たちは自分の考えを書き込んだ Jamboard

ができると、他の児童に聞いてもらいたいという気持ちになった。画面を見せながら自分の考えを説明したり、他の児童の考えを聞いたりする活動を通して、引き算の計算の仕方についての理解を深めることができた。また、分からな

画面を見せながら説明する児童

いところや、自分の考え方と違うところがあると積極的に質問したり、ペンの色を変えて他の児童の考え方の違いをわかりやすく表したりする姿が見られた。授業の終末では、Jamboard をクラウド上に提出し、クラス全体で共有する場を設けた。他の児童の多様な考え方に触れることで違いや共通点を見つけ、自己の考えを広げている様子が見られた。

Jamboard を活用した本時の授業では、具体物の操作と自分の考えの表現（式や数字、言葉で書き込む活動）の両方を画面上で同時に行うことに挑戦した。

10 のまとまりが具体的にイメージしづらい

クラスのみんなに説明する児童

児童も、1 つの画面で具体物の表示と数字が見えるため、数の意味をより具体的にとらえることができた。このように、視覚的に分かりすいツールである Jamboard を活用することで、表現することに興味をもち、自分の考えを他の児童と伝え合うなど意欲的に取り組む姿が見られた。

💡 Jamboard を楽しむための基本的操作の練習

Jamboard を使用した学習が児童たちの学びの手助けになるよう、今回の授業の前に児童たちと Jamboard で遊びながら使い方や基本的な操作の練習を行った。間違い探しを行いながらペンの色や太さの変え方を学んだり、形づくりをしながら図形の動かし方、大きさの変え方を習得したりした。操作のしにくさが学習で活用する際に学習の妨げにならないよう、遊びながら慣れておく必要があると考える。

実践者：佐々木優菜（実習生）
記録者：附属長野小学校 新井雄太

実習実践

地図から読み取った気づきを共有！

Google Earth と Google Jamboard を使って学ぶ「わたしたちのまち」

社会の「わたしたちのまち」の授業で地図に加えて Chromebook を活用した。教師から黒板の地図で小学校の周りや市役所周辺の様子を確認した後に、Google Earth でその場所の様子を映し出した。児童たちは Jamboard を使い、2か所の地図から読み取ったことやその違いをまとめていった。各グループが1枚の Jamboard で共同編集することを通して互いの気づきをすぐに共有することができた。

◆Google Earth で視覚的に！
Jamboard で共有する学び！

　小学3年社会「わたしたちのまち」（東京書籍）の授業での一場面である。前時に長野市全体の地図を俯瞰し、土地の高低差に気づき、低いところは人が住みやすいのではないかと考えはじ

Google Earth で町の様子を紹介する佐々木実習生

めた児童たち。佐々木実習生は、同じ低い土地でも小学校の周りと市役所周りでは、その特徴が違うことをとらえさせたいと願い、本時を計画。導入では、学校の周りを探検したことを想起させるために、学校周辺の様子を Google Earth で紹介した。同様に市役所周辺の様子も Google Earth で紹介することで、児童たちは市役所と学校の周りの様子を視覚的にとらえ、特長が違うのではないかと問いをもっていった。

　佐々木実習生は市役所周辺の地図を配り、気づいたことを Jamboard に黄色の付箋で記入していくことを指示した。

4分割された Jamboard に貼られていく付箋

　黒板には地図記号を示した模造紙を貼っておくことで、児童たちは地図から読み取ったことを次々と付箋に記入し貼っていった。Jamboard は4人で1枚に共同編集できるようにし、線を引き4分割しておくことで、児童たちは自分が記入した付箋を迷うことなく貼ることができた。

　また、気になる場所は、Google Earth を活用し、確認する姿があった。

　その後、学校の周りとの違いを橙色の付箋に、本時のまとめを青い付箋に記入させ本時のまとめを行った。2つの地図を比べて分かった土地利用の特徴の違いについて学んでいった。はじめは、どんなことを見つけたり、記入したりすればよいのか戸惑っていた児童も、他の児童の付箋を見て、どんどん貼っていく姿が見られた。

◆ICT の活用を通して
社会科の面白さを伝えたい！

　視覚的な資料で児童たちに興味をもたせたい、主体的に地図から読み取った情報をまとめさせたいと願い、佐々木実習生は授業を構想した。児童たちは、暮らしている地域について認識を深めているようであったが、付箋が多くなるとスペースがなくなり、重ねて貼らなければならなくなる等の課題も見られた。

　個人追究ではたくさん付箋が貼れるスペースを用意し、グループの協働追究では付箋の枚数を指定し厳選して貼らせる等、児童の実態に応じて活用の仕方を考えていく必要も示唆された。

◎授業をした佐々木実習生の振り返り

> 　児童の実態に合わせて Jamboard を使用し、児童たちの学びを支えることができた。ツールとしての Jamboard に慣れてきているからこそ、ただ付箋を貼るだけではない新たな使い方を模索することで、よりねらいの達成につなげていけるものになると感じた。

Jamboard における共同編集作業のよさとマナー

　Jamboard は共同編集だとすぐに他者の考えが確認できたり、協力して編集できたりするよさがあるが、他者の付箋を動かしたり、編集を加えたりすることからトラブルも起きる。最初のうちはトラブルが多いが、ペアやグループでの共同作業を様々な学習で繰り返し行うことで、共同作業時に気をつけることが自然と身につき、トラブルが減ってくるようになる。画面上であっても相手意識をもつこと、共同作業のよさとマナーとの関連について児童に伝え、指導することが重要である。

実践者：熊澤佳保（実習生）
附属長野小学校 大畑健二
記録者：附属長野小学校 大畑健二

クラスの仲間と 分かち合う！
Google スライド活用授業

国語の単元でChromebookを活用した。お気に入りの1枚を撮影。Google スライドで編集し交流の場を設けた。さらに、Google Chatなどのコミュニケーションツールやファイルの共同編集機能など、クラウドを活用した学習を展開した。

◆お気に入りの1枚を選び Googleスライドで編集・共有!

　小学4年国語「写真をもとに話そう」(教育出版)の単元でGoogleスライドを活用した。児童たち1人ひとりが校舎の中や外を歩き「今日の1枚」を撮影し、スライドで編集した後、

スライドの編集方法を説明するK実習生

朝の会や国語の授業で作品を共有する場を設けた。

　各自お気に入りの写真をスライドに貼り付け、選んだ写真をもとに話したいことをテキストボックスに入力。ペアやグループで共同編集することで、写真から読み取ったことを伝え合い、文章の内容や組み立てを考えるなど、複数の児童が共同して編集する学習へと展開することができた。また、活動に慣れてきた児童たちは、撮影する役と教室で編集する役を分担し、活動場所が離れてもリアルタイムで発表スライドを作成していた。児童たちも同じ画面上で編集ができるスライドによる

スライドの共同編集に取り組む児童

共同編集機能のよさを感じていた。

　新型コロナウイルス感染症の拡大による臨時休校中でもスライドを通した児童たちの関わりが見られ、遠隔学習の場として定着していった。

◆コミュニケーションツールを 積極的に活用できた!

　授業を行った熊澤実習生は、1人1台端末の導入直後でもすぐに使えるスライドの共同編集機能を活用した授業を構想した。

　児童が選んだお気に入りの1枚をスライドでペアやグループの児童同士が同時にアクセスし、編集の様子を共有しながら協同作業に取り組んでいた。また、Google Chatを併用することで、児童同士が校舎内外に分かれていても即時にコミュニケーションをとることができた。お互いの作品を見合いながら「すごくきれいな風景だね!」「どこで撮ったの?私も見たい」「写真の紹介文が分かりやすくていいね」など、オンライン上で感想を伝え合う姿が見られた。

　このようにGoogleスライドとChatの併用により、児童は必要に応じて他の児童の資料作成の過程を見ることで新たな発想を取り入れながら活動に取り組むなど、ICTを活用した協働的な学びの姿が見られた。

◎授業をした熊澤実習生の振り返り

> Chromebookやスライドのよさを活かし日常生活の中に自然と取り込まれているように感じた。この授業をきっかけに児童会活動での資料作成や他教科でのグループによる学習活動にもスライドを活用していた。家庭に帰ってからもGoogle Classroomのストリーム上で児童同士が質問や意見交流を図っていた。

💡 共同編集作業を楽しむための情報モラル指導

　Googleスライドは共同編集が可能となるため、簡単に他者のスライドにコメントをつけたり編集を加えたりすることができる。端末操作に慣れてくると、故意ではなくてもスライドを削除してしまうことも起こり得る。そこでスライドの「履歴機能」を紹介し、他者のスライドにコメントを書き込んだり内容を編集したりする際には、十分に配慮する必要があることを具体的に指導することが重要である。

示範実践

実践者：附属長野小学校 有賀功太郎
記録者：附属長野小学校 西村良穂

本当に目標の体重になるのかな？
Google スプレッドシートでグラフの作成

算数の単元で、スプレッドシートを使ってグラフを作成した。児童たちは学級で飼育しているヤギの体重を毎週計測し、記録をしてきた。これまで記録してきたヤギの体重データをグラフにすることで、視覚的に体重の変わり方をとらえることができる。児童たちは、ヤギの次の発情までに「体重がどうなっていきそうか」ということを想像しながら数字を入力していった。

◆本当に目標の体重になるのかな？
～ヤギの安全な出産を願って～

生活科で飼育しているヤギをお母さんにしてあげたいと願った児童たちは、雄ヤギを迎え、交尾のタイミングを待つ。しかし、ヤギが安全に子を産むためには、ある程度体重が必要であることを知る。出産の危険性を心配していた児童たちに、出産を安全に迎えるための交尾の体重が40kg～50kgであることを伝え、目標とするヤギの体重を話し合った。その中でI児は、出産の大変さに目を向けながら、より安全に産んでほしいと願い、目標体重を48kgとした。

毎週計測してきたヤギの体重であったが、いよいよ次の発情が迫ってくる中で、「本当に目標の体重になるのかなあ」と心配になってきた児童たち。そこで、これまで計測してきたヤギの体重がどのように推移してきたのかを示したグラフ入りのスプレッドシートを提示した（図1）。

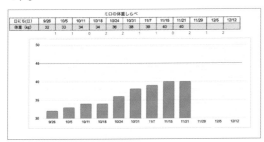

日にち(日)	9/26	10/5	10/11	10/18	10/24	10/31	11/7	11/15	11/21	11/29	12/5	12/12
体重 (kg)	32	33	34	34	36	38	39	40	40			
		1	1	0	2	2	1	1	0	2	2	

図1　ヤギのこれまでとこれからの体重

◆エサの量を工夫すればいいね!
～グラフ その先を見つめて～

児童たちは、入力していたこれまでの体重とそのグラフを見つめていく。1kgや2kg増えるとき、増えないとき。様々な増え方をするヤギの体重を目にしながら、「あのときは食べ過ぎていたんだよ」と言うY児。グラフと同時にこれまでの生活も見つめていく。

さらに、次の発情までの体重を予想し、色の付いたセルに入力していくと、未来の体重のグラフが表示される。「最近エサを減らすようにしているから次は1、1かな」「1、1、0、2、2ときたから、次も2って増えていきそう」など予想しては入力していく。そのたびに現れるグラフを見ながら入力し直す姿もあった。

生き物の体重を予想していくことは難しい部分もあったが、児童たちなりのこれまでの生活に基づいた根拠をもって考えていく姿が印象的であった。

◎授業参観者の感想

> 2年生でスプレッドシートを使いこなせるのがすごい。入力するセルに色を付けておくことで感覚的にできるように工夫されていた。児童たちは様々な数を入力しては、出来上がるグラフから考えを深めていたのではないか。

迷いなく数値を入力していくためのひと工夫

スプレッドシートを活用する際、入力するセルを間違ったり必要な部分を消してしまったりする等のトラブルも起こる。そのようなトラブルを未然に防ぐためにはシートを共有する際に「セルの保護」等のひと工夫を加えたい。また、Google Classroom で配付する場合は、児童自身がオーナー権限をもつため、シートやセルの保護が使用できない。本時は、セル入力できる数値の範囲を指定する「データの入力規則」を使用した。その他、入力部分に色付けする等の工夫も効果的である。

データの入力規則

実践者：西澤香鈴（実習生）
記録者：附属長野小学校 吉田大輔

実習実践

敬語ってどんな 使い方をすればいいのかな
Google Jamboard 活用授業

5学年国語「敬語」でJamboardを活用した。グループごとのフレームに、児童1人1人が自分の考えを付箋に入力した。電子黒板にフレームを映しながら意見を共有し合った。

◆敬語にしたらなんて言うのかな 「Jamboard で考えや意見を書こう」

小学5年国語「敬語」の単元でJamboardを活用した。

まず、西澤実習生が、お母さんの会社の同僚から電話がかかってきたときの子どもの対応について演示すると、児童から、「そんな話し方じゃだめなんじゃないの」という声が上がった。西澤実習生はその声を取り上げ、会話のどの部分がよくなかったのかについて児童と話し合った。その中から出てきた、「ちょっと待っててね」という言葉を、本日クラスで考えていきたい問題へと焦点化した。そして西澤実習生は「自分たちならどんな言葉を言って対応するのか」について考えていくことを提案した。

西澤実習生は、Jamboardを使って、自分の意見や考えを書く場を設けた。シートは9枚に分け、事前に「班名」、「『ちょっと待っててね』のテキストボックス」、「考えや意見を書き込むための枠」を準備してあった。

児童は、「自分だったら…」とJamboardの「付箋機能」を使って、自分の考えや意見を入力していった。Jamboardの付箋機能は、何度でも書き直したり、追加できるため、児童は安心して自分の考えや意見を入力することができた。

◆Jamboard で生まれる 児童同士のコミュニケーション

児童が考えや意見を付箋で入力していると、同じシートに貼り付けられていく付箋に書かれ

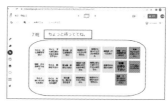

貼られた付箋を並べ替えて整理したシート

た他の児童の考えや意見に目が向くようになっていった。

そして、自分の付箋と他の児童の付箋の内容を見比べながら、「同じだね」、「そんな言い方もあるんだね」とグループで会話が始まった。実際に、電話でのやり取りを、児童が考えた言葉を使って演じる姿も見られるようになっていった。

さらに、児童は、シートに張られた付箋を移動させ始めた。児童の手によって、同じような考えを種類ごとに分けたり、順番を入れ替えたりして、視覚的に見やすいシートを作成することができた。このときも、お互いに会話しながら、どのように並べ替えたらよいか相談する姿が見られ、コミュニケーションが生まれていった。

全体での共有場面では、西澤実習生が電子黒板にJamboardを映し出し、事前におよその指名計画を立てて児童の思いを聞きながら、全体に共有していった。

今回の授業ではJamboardを通して、児童がお互いの考えや意見を共有し合い、そこに自然とコミュニケーションが生まれていった。

◎授業をした西澤実習生の振り返り

> Jamboardを使って学ぶ児童たちの様子を見て、大学の授業で考えていた活用を、具体的に感じることができた。どこでJamboardを使えばよいのか、提示するタイミングについても考えていきたい。

💡 友だちとの意見を共有・比較するツール

Jamboardは、共同で使用するシートに、自分の意見や考えを「付箋」として貼り付けることができる。そのため、リアルタイムですぐに他者との意見や考えを知り、自分の意見や考えと比較したり、参考にしたりすることができる。また教員は、誰がどのような考えをもっているかを把握するきっかけにすることができる。

示範実践

実践者：附属長野小学校 山本一樹
記録者：附属長野小学校 山本一樹

釉薬の調合に
必要な分量を求めよう!
Google スプレッドシート活用授業

総合的な学習の時間の単元でChromebookを活用し、釉薬を作るための材料の分量を求めた。チームでスプレッドシートに入力しながら、電卓機能で計算をし、3種類の材料で調合するのに必要な量を求める場を設けた。

◆釉薬の調合に必要な材料を　スプレッドシートで編集・計算

　小学６年総合的な学習の時間「つるつるで色がつくのか試したい　釉薬を塗った本焼き」の単元でスプレッドシートを活用した。チームごとに準備した白土と木灰、藁灰の量をもとに、クラスで決めた４パターンの割合（①白土２割・木灰４割・藁灰４割②白土６割・木灰２割・藁灰２割③白土２割・木灰６割・藁灰２割④白土２割・木灰２割・藁灰６割）になるような分量を計算で求めていった。

　Ｎ児は、チームの仲間たちと話し合いながら、釉薬に必要な分量を求めていった。Ｈ児の「全部同じ（割合）がいい」の言葉から、Ｎ児は一番量の少ない藁灰50グラ

仲間と話し合いながら釉薬の分量を求めていった児童

ムを基準にして、50を３で割って求めようとするが、「あーだめ。違うよ」とうまくいかない。Ｍ児の「（割合を足していくと）藁は全部で14ある」の言葉から、50 ÷ 14を電卓で計算し、端数を切り捨て、割合が１の時の量を3.5グラムを求めた。Ｎ児に確認しながら①の藁灰４割は3.5 × 4を電卓で計算し、②の藁灰２割は暗算で７と求める。④の藁灰６割は「6 × 3.5」とつぶやきながら電卓で計算をした。①の木灰４割は、Ｎ児の「４割はこっち（藁灰）が２割で７だから」を聞く

と、14と入力した。②の白土６割は「（藁灰２割の）３倍だから（かける）３で21」とつぶやき入力した。③の白土２割は「（藁灰２割の量は）７が２割だから７」とつぶやき入力した。④の白土２割は「（藁灰）６割が21だから３で割ると７」とつぶやき入力した。Ｍ児の「白土は全部でいくつ。7、7で14たす21」を聞くと、Ｎ児は指で３をつくって「21。21かける２で42」と言う。Ｍ児が木灰の合計を指さしながら「21たす28で49」と言うのを聞くと、Ｎ児は「木灰」とつぶやきながら、49を入力する。そして、Ｎ児は「瞬殺だ」とつぶやく。

◆他の児童と話し合い、入力する中で　等しい比の関係を見出すことができた

①白土2割 木灰4割 藁灰4割		
白土	木灰	藁灰
7	14	14

②白土6割 木灰2割 藁灰2割		
白土	木灰	藁灰
21	7	7

③白土2割 木灰6割 藁灰2割		
白土	木灰	藁灰
7	21	7

④白土2割 木灰2割 藁灰6割		
白土	木灰	藁灰
7	7	21

合計で必要な	
白土	42
木灰	49
藁灰	50

児童たちが入力したスプレッドシート

　釉薬に必要な分量をスプレッドシートに入力しながら求めた。一番少ない藁灰を基準とし、割り切れない端数を切り捨てることで、不足のないようにした。求めた藁灰の値を基準とて、木灰や藁灰の分量を求めた。その中で等しい比の関係性を見出し、瞬時に入力し「瞬殺だ」とつぶやいたＮ児。数学的な考え方を働かせて瞬時に求めることができる、効率のよさを感じる姿があった。

💡 学びの支えとなる ICT の活用を

　スプレッドシートや電卓を活用して分量を求めることをねらうのではなく、活用したうえで児童のどのような学びを支え得るものなのかを考えることが重要である。一方で、１つのツールとして ICT を活用するためには、それに馴染む時間も必要であると考える。児童たちのよりよい学びのために ICT を積極的に活用していく必要があると考える。どの場面で、何をねらって ICT を使っていくのかを大切にしていきたい。

示範実践

実践者：附属長野小学校 吉田陽平
記録者：附属長野小学校 佐藤桂治

苦手意識のある 子どもも
Google スライドを用いて意欲的に発表

「日本の行事について英語による紹介の仕方を知り、他国の行事につい
て興味を持ち始めた子どもたちが、興味を持った国の行事について調べ、
紹介し合うことを通して、日本と海外の行事の違いを知り異文化に興味
を抱いたり理解を深めたりすることができる。」ことをねらいとした授
業においてGoogleスライドを用いて調べたことをまとめたり、発表が
できる場を設けた。紙ベースでは取り組みに苦手意識のある児童も発表
することができた。

◆スライドを用いて日本の
　行事や世界の行事をまとめて発表！

　小学校6年外国語「日本の行事について英語による紹介の仕方を知り、他国の行事について興味を持ち始めた子どもたちが、興味を持った国の行事について調べ、紹介し合うことを通して、日本と海外の行事の違いを知り異文化に興味を抱いたり理解を深めたりすることができる。」ことをねらいとした授業においてGoogleスライドを用いて調べたことをまとめたり、発表ができる場を設けた。

　日本の学校行事や年中行事について「We have ○○○（行事名）in □□□（月）.」という表現を用いて紹介文を例示した後、ALTのナナミ先生にフィリピンの行事について紹介をしてもらい、日本との違いについて興味を高めた。その後、グループを基本として各自で好きな国の学校行事や年中行事について調べ、Googleスライドで発表資料を作成していった。上記の例文の他に、I chose ○○（国名）.や　I think it's □□（fun など形容詞）. を添えることがALTから示された。

まとめたことをグループごとに発表する児童たち

◆紙ベースでは苦手意識のある子どもも
　まとめたり発表することができた！

　児童たちは、示された例文を参考にしながらも、その例文だけにとらわれることなく、翻訳機能を用いたりしながら、自分たちなりの紹介文を作成していた。資料作成後は、発表の場を設けた。発表場面では、事前に教員が興味をもっている国について、スライドで発表資料をつくり、資料の効果的な示し方や発表の仕方を見本として数回示した。また、ALTにも同様に発表の例を示してもらった。

　児童たちの発表技能には個々の差があったが、聞き手も興味深くスライドを見たり聞いたりする姿があった。また、紙ベースのワークシートでは課題に向き合えない児童も、ICT活用により意欲的に取り組む様子が見られた。そのような児童たちにとっても、現段階では有効な手立てである可能性が示唆されたと感じている。デジタル教科書等、有効に取り入れていきたい。

Google スライドを用いて発表をする児童

💡 Google スライドの活用自体が目的にならないために

　スライドは調べ学習でのまとめや、調べたことの発表において、非常に有効な手段である。調べ活動においては、グループのメンバーで共同作業が容易にできることもよさである。しかしながら、このICTの活用が目的にならないように、外国語での授業における活動の目的をしっかりともつことを心がけていきたい。

情報活用能力を身につけなければ到達できない学習の姿

小倉光明 ●信州大学教育学部・助教

情報と情報技術を活用する基盤が整い、適切な「問い」が設定され、自由度と表現力の高いプログラミングを使いこなすことができるようになった児童生徒は、夢中になって思考し、自ら成長していく。

❶ 情報活用能力が目指すところ

「教育の情報化に関する手引」（文部科学省2020）では情報活用能力を「世の中の様々な事象を情報とその結び付きとしてとらえ、情報及び情報技術を適切かつ効果的に活用して、問題を発見・解決したり自分の考えを形成したりしていくために必要な資質・能力」としています。ここに出てくるキーワードの関係性を可視化したのが、図1です。

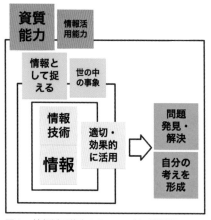

図1　情報活用能力のキーワードの関係性

図1から分かるように、情報活用能力が最終的に目指すところは、オレンジ色の問題を発見・解決したり、自分の考えを形成したりするところにあります。

現代は、将来の予測が難しい社会と言われ、学校で学習した知識は、児童生徒が大人に

なったときに陳腐化している可能性があります。そのため普遍的で汎用性のある資質・能力を身につけていくことが重要です。情報活用能力は資質・能力の1つであり、学習の基盤となる能力です（図1中ピンク色の部分）。では、問題発見・解決能力の育成や自分の考えを形成する上で、資質・能力としての情報活用能力がどのように活かされていくのでしょうか。

現代は、目まぐるしく社会の構造が変化していきます。その変化に伴って創出されるのが情報です。世の中の事象は情報として（図1中青色の部分）、インターネット等を通じて非常に早いスピードで世界中に広がります。この情報を入手することが、これからの時代を生き抜く上での第一歩となります。

このような情報を入手する上で必要不可欠なのが情報技術（図1中黄色の部分）です。例えば、WebページやSNS等で発信される情報は情報端末を通して得ることができます。そのため、情報端末の基礎的な理解と活用技能を習得しておくことが必要不可欠です。これは情報の収集に限らず情報の発信においても同様です。スライドやドキュメントといったクラウドサービス等を用いて収集した情報を整理し、他者に伝えることで学習が形となります。そのため発信に向けた情報端末の理解と活用技能の習得も重要なポイント

です。

　また、情報そのものにも目を向けなければなりません。欲しい情報はインターネットを活用すれば、いつでもどこでも大量に得ることができます。その情報を単にコピー＆ペーストして利用しただけでは、かえって混乱を招く資料になりかねません。そのためにも多面的・多角的に情報を検討する力を身につけさせることも必要です。

❷ 学習の基盤となる情報活用能力

　情報活用能力をどのように身につけさせていくことが大切なのでしょうか。

⬜1 情報と情報技術に触れる機会の創出

　1人1台端末が導入されたことにより、児童生徒はそれぞれの必要性に応じて瞬時に情報を入手し、それを整理・分析した後、発信することができる環境が整いました。このような環境が整っていても、情報端末を文房具のように使いこなすことができなければ意味がありません。文房具の使用に一定の訓練が必要であるように情報端末においても、使い方の理解と反復練習の時間が必要です。やはり初期段階は文字入力や操作に多くの時間を要します。しかし、繰り返し使用することで効率的に使用することができるようになります。時間を要する情報端末の導入初期は、学級活動や生徒会活動などの特別活動から始める学校も見られます。

　また、情報に対して多面的・多角的な視点から検討する機会を増やすことも重要です。例えば、今話題のニュースを投げかけて皆で議論してみる、教科に関する資料を違う視点から検討してみる等が考えられます。フェイクニュース等を鵜呑みにしないよう普段から情報収集の視点を意識させることが重要です。

　これらのような情報と情報技術に触れる機会の創出が、情報活用能力を生かした学習の基盤へとつながります。

⬜2 情報を集め、整理分析し解決への見通しをもつことができる「問い」への意識

　基礎的な技能や視点が整えば、学びの幅が大きく広がります。情報端末を活用することによって、ノートに1人で書き込んでいた内容を、そのまま他者と共有することができるため、対話的な学習を授業に取り入れやすくなります。また、皆の前で発言がしにくい児童生徒が、意見を述べることができたり、様々なアプリケーションを駆使することで言語表現に苦手意識がある児童生徒でも特性に合わせた情報の収集や発信を行うことができます。

　また、この段階で重要になってくるのが、「問い」の質です。H・リン・エリクソン（2020）は今の学習、今の問いが「事実」を確認するものなのか、「概念」を形成するものなのかを意識する必要があるとしています。例えば理科の「音の単元」で「音はどのようなものから発生しますか」という問いは「事実」を確認するものになります。一方で、「音はどのようにつくられると思いますか」という問いは「概念」を形成するものとなります。ここで「概念」というのは「事実」を整理し、作られた「思考の構築物」となります。情報端末は「事実」の確認の効率性を高めます。また、クラウドを活用した同時共同編集によって、「概念」の形成に向けた対話的な学習を進めることができます。情報端末の活用そのものが目的にならないように、常に「問い」の質の研鑽が必要です。

❸ プログラミング教育の充実

　プログラミングが情報活用能力に位置付け

されていることをふまえて考えたとき、その利点として自由度と表現力の高さが挙げられます。例えば、学校等の教育場面で多く用いられているビジュアル型ブロックプログラミング言語の Scratch は、小学校段階からでも十分に活用することが可能です。その表現力は非常に高く、文字表現や図形の描写等はもちろん、拡張機能を用いれば翻訳や音声変換、AI との連携や、各種デバイスとの連携も可能です。このような自由度の高さが児童生徒の探究的な学びで大きな力を発揮します。例えば、図2はクラスの困り事を問題発見し、プログラミングによって解決を試みている様

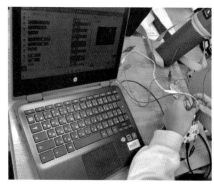

図2　プログラミングによる問題解決学習

子です。この活動の中で児童は、自ら発見した問題の解決に向けて情報を収集・整理し、プログラミングによる高い表現力を活用して主体的に問題を解決しています。

❹ 情報活用能力を基盤とした問題発見・解決学習の姿

情報活用能力を基盤とした学習を進めていく上で、

1 情報と情報技術の活用
2 概念を形成する「問い」
3 プログラミングによる表現

が重要になってくることを先に述べました。

これらは相互に関係させながら、学習のねらいに沿って取り込みます。例えば、図3は、「生活や社会の中から問題を発見してプログラミングで解決をしよう」という「問い」に対して、情報技術を活用しながら問題発見、課題設定を行い、対話的な活動を行いつつ、プログラミングによってその解決を図る学習の例です。この段階では児童生徒が自分で必要な情報を収集し、わからないことを対話的に解決し、学習を深めていく段階となります。教員はファシリテーターとなり、裏方で支える立場になります。

情報と情報技術を活用する基盤が整い、適切な「問い」が設定され、自由度と表現力の高いプログラミングを使いこなすことができるようになった児童生徒は、夢中になって思考し、自ら学習を進めていくでしょう。そのプロセスそのものが資質・能力であり、児童生徒の将来を支えるものとなっていきます。

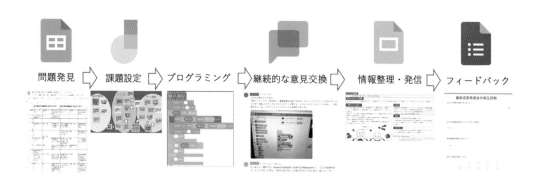

問題発見 ▷ 課題設定 ▷ プログラミング ▷ 継続的な意見交換 ▷ 情報整理・発信 ▷ フィードバック

図3　情報と情報技術を活用した学習例

学びを支える手立てとしてのICT 活用

　1人1台の情報端末が整備され、児童生徒のICT操作スキルは確実に向上しています。しかし、アナログをデジタルに置き換える学習や教材のデジタル化に教師がとどまってしまうと、学習効率の他に得られる成果が乏しいことが問題となりました。デジタル技術を手にした私たちは、どのような学びを創り出すことができるのでしょうか。そこから附属松本小学校の「ICTで学ぶ」授業づくりがはじまりました。まず、教員はICTを使うことより先に、日々繰り返す授業改善の中で見出した自己課題に立ち戻りました。これまで解決が難しいと考えてきた授業改善における課題のうち、そのいくつかがICT活用により解決できると考えたのです。こうした教員の授業改善を目指す取り組みが「学びを支える手立てとしてのICT 活用」へとつながっていきます。本章では、附属松本小学校の教員と教育実習生が1人1人の学びを支えようと実践に励む姿の一端をその試行錯誤とともにお伝えします。

白鳥勝教●信州大学大学院教育学研究科・実務家教員

示範実践

実践者：附属長野小学校 池上 航
記録者：附属長野小学校 池上 航

学校に、空に、らくがきしちゃおう
「怒られちゃうかも」を学びにつなげるICT 活用

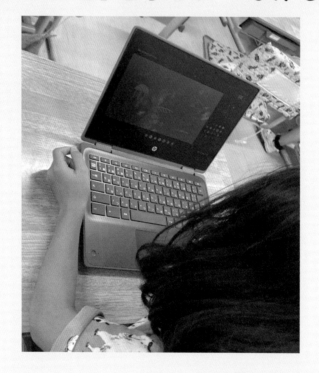

　児童の大好きならくがき。「こんな面白いものを描けるのか」と何気なく描いているものの中にその子らしさが見えてくる。だからと言って机や椅子、廊下にらくがきなんかしたら大変なことに……。「好きなところに思い切り描いてみよう」というわけにはなかなかいかない。そんなときにひらめいたのが Chromebook の活用。「らくがきしたい」と思う場所を写真に撮り、編集機能を使い、らくがきして、その子の作品として Google Classrooms に投稿して見合う「らくがきびじゅつかん」をつくろうと構想した。

◆もっと思い切り
  らくがきしたいんだろうな

　ある日の放課後。教室整備をしていると机にキャラクターのらくがきが小さく描かれているのを見つけた。そのらくがきは面白かったが、小さく描かれているところに「見つかったら怒られちゃう」というその子の思いを感じた。その子は絵を描くことが大好き。もっとのびのびと自由に絵を描くことで自己を豊かに表現できたら素敵だろうなと感じて構想したのがこの単元だった。らくがきには上手い下手や正解・不正解がないということや「普段はしてはいけないこと」という特別感で児童たちは意欲的に学習に取り組んでいた。

◆みんなで1つの作品を
  気分は映画監督

　児童たちは空の写真を撮り、そこに国語の物語教材の登場人物を描いたり、「明日は晴れてほしい」とてるてる坊主を描いたり、自分を写真に撮り、口から火を吹いたり、手から光線を出したり、「らくがき楽しいね」「まさか、思い切りらくがきができるなんて思わなかったよ」と話したりしていた。

　A児は自分の口から火を吐き、街に見立てた消しゴムや筆箱を壊していく作品をつくっていた。自分を自分で撮ることは難しいため、他の児童に写真を撮ってもらうことに。すると、その児童と「だったら、怪獣が戦っている感じにしようよ」「怪獣とヒーローが戦う感じにする

のはどうかな」と1人ではできない構想を考え始めた。それから、児童たちでより集まり、脚本を考える子や監督のような子、カメラマン、そして写真に映る役者のような子などいろんな役割が生まれ、協働して1つの作品をつくっていく姿がありました。Chromebookのカメラ機能と描画ツールでのびのびと自由に絵を描けることがA児の豊かな表現力をより発揮させ、共有のしやすさが児童たちの日々の関係性と相まって広がり続ける想像の世界を表現するための学びを支えていったように感じた。

友だちはどんならくがきをしているのかな

私は口から火を吹いちゃおう

操作スキルも高め合おう

　いざ、児童たちにChromebookを渡すと、あれこれ説明したくなってしまう。しかし、「このボタンを押すと写真が撮れるよ」「このボタンを押すとペンが出てきてらくがきできるよ」と伝えれば十分だと感じた。児童たちは活動しながら使い方も学んでいく。内側カメラや連写、らくがきに使うペイントの機能など児童同士で教え合いながら自分だけのらくがきを他の児童と楽しむ姿が見られた。

実習実践

実践者：中村駿仁（実習生）
記録者：附属松本小学校 片原範子

よ〜く見える、私たちの町
Google Earth で気づく、
Google Jamboard で整理

　私たちは地図から地形や地表にあるもの、交通網など様々な情報を読み取り、目的に応じて活用する。しかし、小学校３年生の児童には、地図を正しく読み取ることはできても、地図から実際の様子をイメージすることが難しく、地形や土地利用に関する気づきや疑問をもちにくい様子が見られる。そこで、Google Earth と Jamboard を活用して、地図情報と具体を結び付けながら、地図を自分の目的に応じて有効活用していく学習を行った。

◆地図情報と実際の様子を　結び付けて見る

小学3年生の児童たちは地図帳から様々な情報を読み取ることができる。しかし、地図帳で読み取った情報から、実際の様子をイメージすることが難しく、地形や土地利用等に関する気づきや疑問をもつことが難しい現状がある。例えば、「ここには、田んぼがある」「ここに駅がある」等、地図帳から読み取った事実のみで終わってしまう。

そこで、Google Earth を用いて、地図と実際の様子を結び付けながら学習を進めた。児童たちは、「どうしてこの場所に田んぼが集まっているのだろう」「松本駅の周りには、お店や大きな道路があるけど、家は少ないな」「松本市の観光名所の周りは、建物がたくさん集まっているな」等、土地利用の様子を様々な視点から見ている様子があった。より詳しく見たい部分を詳しく見たり、地図と具体を比べたりすることで、実際の様子をイメージしやすくなり、そ

見たいことを見たいように

こから気づきや疑問をもつことができるようになったと考えられる。

◆自分の考えを分類・整理し、　新たな思考を促すための Jamboard

児童たちは、自分の気づきや疑問を Jamboard の付箋に記した。Jamboard は、付箋の色や並べ方によって自分の考えを分類・整理することができる。そのことによって、気づきの質が高まったり、新たな疑問をもったりと、多面的・多角的に思考することが期待できる。

気づきや疑問を整理する

実際、児童たちは、「川が多い」「田んぼが多い」という気づきをつなげ、改めて実際の様子を Google Earth で見直し、「川と田んぼには何かしらの関係があるのではないか」と考えたり、「松本駅の周りだけ、ビルやお店が他の駅よりも多いのは、松本駅が何か重要な役割をもっているのではないか」と考える姿が見られた。

自分の疑問を解決するために、より詳しく見たい部分を見たり、そこから分かることを分類・整理したりすることを繰り返していく中で、地図を読み取り活用することのよさや楽しさを実感し、自分の目的に応じて地図を有効活用しようとする子どもの姿を期待することができると考えられる。

 ## Google Earth と Jamboard の二刀流

本実践では、子どもが以下のＩＣＴスキルを用いた。
① Google Earth をスクリーンショットし、Jamboard に貼り付ける。
②気づきを Jamboard の付箋にかく。
③ Google Earth と Jamboard を併用して使うため、タブを切り替えながら使用する。
　また、Google Earth を用いる際の情報モラルについて考える場を設けた。

実習実践

実践者：齋藤駿介（実習生）
記録者：附属松本小学校 速渡開也

動きの"見直し"が
もたらすもの
体育授業における ICT 活用

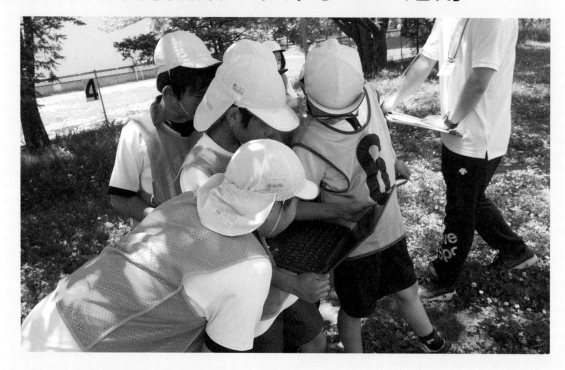

リレーのバトンパスの練習で、カメラ機能を用いて動画の撮影を行い、その動画をもとに改善点を話し合った。動きが速く、通常のスピードで見るだけではなかなかわからなかったバトンパスの動きを、ICT機器の機能を活用して見直し、スライドでグループに共有した。それによって見えてきた課題や改善点について協働的に学び合うことで、客観的に自分たちの動きを観察し、改善しようとする姿が生まれた。

◆よくわからなかった動きを
見直すことで生まれる協働的な学び

体育におけるリレーという単元の特徴は、マラソンや短距離走のような個の能力よりも、「バトンを相手にスムーズに渡す」という「他者との協力」が重要になるため、協働的な学びが生まれやすい点にある。しかし実際のバトンパスの動きはとても速いため、スムーズなパスをするための改善点がなかなか見えない。そのため、本来協働的な学びが生まれやすいというよさを含んでいながら、なかなか他者との対話が生まれにくいところに問題意識をもった。

Chromebook を使って撮影した動画は、何度も繰り返し見ることができる。また、動画をスライドに貼り付けることで、チームで共有することができる。これらの機能により、今までは速すぎてよくわからなかったバトンパスの動きや改善点が見直された。そのためチーム内で課題を共有しやすくなり、具体的な改善点や改善策について意見を出し合う協働的な学びができるようになった。ICT を活用した課題追究が、リレー本来のもつ特徴を活かす結果につながった。

チームメイトの動きを撮影し合う

◆協働的な学びにより、課題の共有や
更新が行われ、深い学びとなっていく

動画はリピート＆スロー再生が強み

これまでのリレーの時間にも、チームのタイムを縮めるためには、バトンパスのどこを改善すればよいか考えてきた。動きがよく見えていない段階では、「速くバトンを渡せるようにする」などの漠然とした意見だった。

Chromebook で撮影した動画は、スロー再生にして、自分たちの見やすいスピードに調整して見ることができる。スロー再生された動きをじっくり観察し、自分たちの動きを客観的に見合うことで、「バトンをもらう人がスタートするのをもっと速くした方がいいね」「手を伸ばしてもらうといい」など、改善点がより具体的に意識されるようになった。

動きの"見直し"によって、チーム内の協働的な学びが充実し、課題の焦点化につながった。各チームでは具体的になった課題をもとに内容を考えて練習を重ねた。最後にタイムを計測すると、多くのチームで最初の記録を上回る結果となり、練習の成果を味わうことができた。協働的な学びの中で、自らの課題や課題解決について考え合うことによって「深い学び」が生まれ、技能の向上やチームスポーツのよさを実感することができたように思う。

💡 "何を撮影するのか"を明確に

児童たちは、教員が想像する以上に、ICT 機器を使うことに長けている。少し使えば、様々な工夫をして使いこなすことができるようになっていく。カメラ機能も同様である。そこで"何を撮影するのか"を明確に共有しておきたい。「バトンパスの動き」を撮影することが分かれば、児童たちはどうすれば動きがよく見えるか追究して改善していく。何となく使うだけにならないよう、具体的な視点をもたせたい。

示範実践

実践者：附属松本小学校 矢田直也
記録者：附属松本小学校 矢田直也

ICTを活用した
新たな書写学習
「覚える」から「考える」書写学習へ

児童1人ひとりには、「こんな字を書きたい」という願いがある。しかし、これまでは、「覚える」ことが中心の書写学習を行っていた。そこで、児童の願いから始まる授業をしたいと考えた。導入は教員が示すお手本ではなく、自分の字。自分の字をGoogleスライドに貼り付け、その上に概形と呼ばれる図形を重ねると、自分の字の課題が見えてくる。スライドの活用によって、図形を簡単に操作できる点が、自分の字の課題を明確にすることにつながり、「考える」書写学習がはじまった。

◆Google スライドを使って
　自分の字の課題を発見

　3 年生の書写学習で、ひらがなを題材に、「どうすれば自分の納得のいく字が書けるか」という学習問題を設定した。教員がスライドで作成した「概形チェックスライド」を使った学習は、初めてやることだったので、1 時間、「み」という字を使って、活用の仕方を全員で確認した（資料 1）。この使い方の学習を通して、「コメント機能を使って自分の課題を書きたい」「最初に書いた字と次に書いた字を並べて貼り付ければ、よくなったところが分かりやすい」「スライドにあるような概形の書いてあるプリントがあれば、そこに書いて練習できる」といったアイデアが出された。今回の学習で児童たち

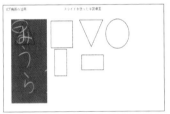

資料 1

は、自分がよく書く字である名前に使われている字をそれぞれ題材として選んだ。

◆とことん自分の字と向き合う

　K 児は、自分の名前に使われている「な」の字を選んだ。K 児は、「概形チェックスライド」に自分の書いた字を貼り付け、「な」の概形である三角形を当てはめ、自己の課題を見出していった。K 児は、「な」という字に対して、「下の丸くなるところ」「左よこのぼう」の 2 点を

課題として挙げた（資料 2。）「左よこのぼう」の課題について、「長すぎるとバランスが悪くなる」と、字のバランスに着眼している。「概形チェックスライド」を使うことで、自分の字に対する課題が明確になり、「こんな風に書きたい」というイメージをもつことにつながったのではないかと考える。

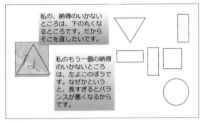

資料 2

　次に、K 児は、児童たちのアイデアにあった 6 種類の概形が書かれているプリントに「な」の字を書いていった。そして、K 児は 2 枚目のスライドに自分で書いた 4 つの「な」の字を並べた（資料 3）。

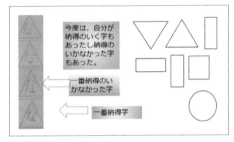

資料 3

　「概形チェックスライド」を使って、課題を見出し、実際に書いてみる。そして、書いたものを新たなスライドに貼り付け、比較することを通して、自分の納得のいく字を追究した。

何のためにICT機器を使うのか

　ICT 機器の機能のもつよさを書写学習に活かすことで、自ら課題を見出し、主体的に取り組む「考える」書写学習を行うことができる。あくまでも手書きの文字をよりよく書くことが目的であるので、ICT 機器の活用が目的になってしまわないよう留意しなければならない。そして、何よりも教員自身が何のために ICT 機器を活用するのかを理解して、提示する必要がある。

示範実践

実践者：附属松本小学校 清水省吾
記録者：附属松本小学校 清水省吾

ICT 活用で、広がる価値観、深まる考え
限られた時間でも全員の思いを大切にしたい

児童A

登り棒の下の地面と土地が低いところ

返信 10 件

児童B

へこんでるところや日陰にできやすいと思う。コンクリートや坂道などにはあまりできなくて、土が柔らかい場所にできやすいと思う。

返信 7 件

児童C

日影があるところだと思う。日影の理由はひなたのところは水分が全然なくて水分をたくさんすえるからみずたまりがなくて、日影のところはしけっていて、水分がまだ入っていて入り切らないから水が上にたまるからだと思いました。

返信 5 件

児童たちは、誰もがとても素敵で、多様な考え方をもっている。そんな１人ひとりの思いを大切にして、共有できれば、誰もが自分で考えてみることの大切さを感じ、自分の考えを更新し続けられる授業ができると考える。しかし、時間は限られている。そこで、Google Classroom の「質問」機能を使い、自分の考えを書き込み、リアルタイムで全員の考えを見てコメントをする活動を構想した。児童たちが、互いにつながりながら考えを深め、広げていく姿を見ることができた。

◆リアルタイムに届く「全員」の思い

理科の予想を立てる場面で、Classroom の「質問」機能を活用した。教員は、まず「へこんだボールを元にもどすにはどうすればいい」など、中心となる問いを投稿する。児童たちは、それを受けて自分の考えを入力して投稿する。すると、クラス「全員」の考えがどんどん投稿

されていき、リアルタイムで様々な考えを知ることができる。さらに、互いの投稿に対して、「返信」という形で、「〇〇とは、どういうこと」と質問をしたり、「〇〇でいいね」といいところを見つけたりすることもできる。教員は、児童たちが書いたものを手元で見て、発

全員の考えを知ることができる

問計画を立てたり、支援を必要としている児童を素早く見つけたりすることができる。

◆静寂の対話

理科において、予想とは見通しを立てることであり、その後の実験や観察の必要感へとつながる。日々の授業の中では、様々な生活経験や知識をもった児童たちが、自分なりに一生懸命予想を考える。

せっかく様々な予想があるのだから、多くの

考えを取り上げ、「そんな考え方もあるんだ」と考えを広げ、「実験したら、どんなことが起こるのだろう」というワクワク感を感じてほしいと願っている。しかし、実際は、全員の意見を取り上げて共有したり、互いの意見を見合ったり、相談したりするのには時間的な限界がある。また、授業後のノートを見て、「これをみんなで考えたかったな」「こんな素敵な考えがあったんだ」と、教員が見落としていたことに後で気づいて後悔することも多い。

Classroom の「質問」機能では、リアルタイムで全員の考えを知ることができる。そして、様々な考えを参考に、自分の考えを更新していくことができる。自分と似た考えでも、根拠とする生活経験が違うことに気づけたり、自分が思いつかなかった考えを見つけたり。予想するのが難しい子も、仲間の考えに触れて、自分なりの考えをもつことができたり。「分かったつもり」で満足している子も、「返信」で質問を

安心して前向きに

され、再度立ち止まって考え直したり。正直に「分からない」と投稿した子も、「私もだよ!」と共感してもらえることで、安心して前向きに授業に取り組むことができたり。

ICT を活用することで、限られた時間内でも、多様な考え方に触れ、互いにやり取りをしながら、自分の考えを更新することができる。児童たちが、互いにつながりながら考えを深め、広げていく。そんな姿を見ることができた。

マナーを守って、正しく、温かく、深い学びを

こうした文字だけでのやりとりでは、言葉づかいなど、マナー面での指導が必要不可欠である。また、「分からないこと」を認め、様々な考えに触れて自分の考えを更新していくことの素晴らしさについても共通理解しておく必要がある。そして、「返信すること」自体が目的とならないように、「どこに着目して見るか、考えるか」という視点を与えておくことも大切である。

実践者：唐木澤竜二（実習生）
記録者：附属松本小学校 織田裕二

実習実践

クラウド上で
対話的な学びにチャレンジ

Google Classroom を活用し、Google Jamboard を「課題」で配布した。児童たちは Jamboard に自分の考えを記入したり、クラウド上で共有された Jamboard を他の児童と相互閲覧しながら対話をしたり、意見を書き加えたりしていた。児童たちは、見たいと思った人の意見を自分で判断してみることができた。また、教員も全員の意見を手元の PC で閲覧しながら指名計画や支援計画を立てることができていた。

◆みんなの意見に触れるために Jamboard を活用

「やってはいけないと分かっているけど、やってしまうことがある」という児童の葛藤を顕在化させたい。そして、その気持ちをみんなで共有し、「誰にでもそういう気持ちがあったり、守れなかったりすることがあるんだ」ということを分かち合いたいと、授業者は考えた。そこで、Classroom で Jamboard を 1 人ひとりに課題で配布し、お互いの意見を相互閲覧できるようにした。

◆実践を行うまで

実践を行うまでの準備は以下のような手順で行った。

① Classroom への投稿内容の検討　②使用するアプリの検討　③ Jamboard の作成　④課題の作成　④課題の配布

①の投稿内容の検討では、投稿された内容を見て、児童が活動の見通しをもてるような文章を意識して、説明を作成するようにした。

②使用するアプリは、今回は Jamboard を選択した。理由としては付箋を活用して、意見を色分けして視覚的に分かりやすくでき、他の児童の意見と比較しやすい特徴があるからである。この機能を活用することで、自分だけではなく、他の児童も「分かっているけど、できないことがある」という共通点に気づくことができるのではないかと考えた。

③課題の作成では、1 人 1 つの Jamboard が配布されるように作成した。また、課題を作成

した後には、児童が互いの Jamboard を相互閲覧できるよう、Google ドライブ™のフォルダのリンクを課題に貼り付けた（資料 1）。

資料 1　相互閲覧が可能な環境

④課題の配布を行い、授業を迎えた。

◆実際の授業で

実際の授業では、授業者が児童と対話をしながら、「どうすればいいのだろう」（光村図書）の範読を行った。そして、児童に Classroom を開くように指示をして、それぞれが Jamboard に考えを記入した。授業者は、机間指導しながらも、端末を用いて児童の考えをモニタリングするように努めていた。Jamboard に自分の考えを記入した児童は、ドライブにある、他の児童の考えを閲覧し、もっと詳しく知りたいと感じた児童のところに行って直接話をしたり、Jamboard を閲覧して知った他の児童の考えと自分の考えを比較しながらさらに考えを書き足したり修正したりしていた（資料 2）。

授業者は、その様子を見ながら児童が自分で学んでいく姿を感じ、教員の環境設定が大切であることを感じていた。机間指導をしながら、モニタリングすることの難しさを感じてはいたが、ドライブ上で全ての児童の考えを把握しようとすることを通して、児童 1 人ひとりの考えに目を向けることの大切さについて改めて考えることができた。

資料 2　児童の記述

相互閲覧できるような環境設定を

この実践では、児童がタイピングをある程度できるようになっていたり、それぞれのアプリの特性を知っていたりすることが必要になる。この実践の 1 番のメリットは、いつでも、だれの意見でも、見られることである。児童同士で相互閲覧の仕方とその利点を共有することができれば、意見交流をクラウド上でも即時的により活発に行うことができる。

示範実践

実践者：附属松本小学校 田中俊太
記録者：附属松本小学校 田中俊太

楽々資料提示
楽々意見共有

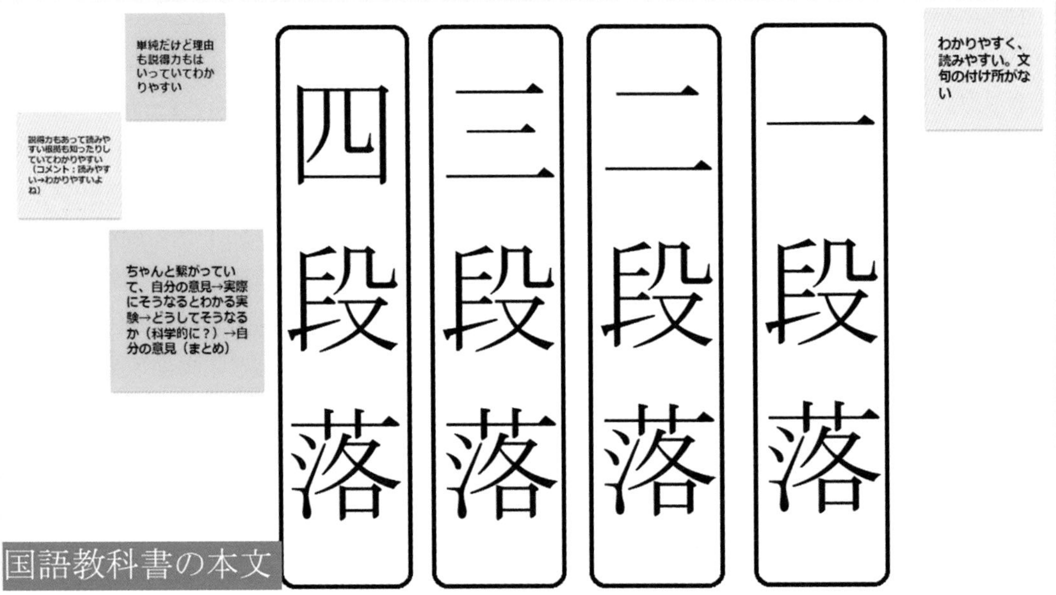

わかりやすく、読みやすい。文句の付け所がない

単純だけど理由も説得力もいっていてわかりやすい

説得力もあって読みやすい根拠も知ったりしていてわかりやすい（コメント：読みやすい→わかりやすいよね）

ちゃんと繋がっていて、自分の意見→実際にそうなるとわかる実験→どうしてそうなるか（科学的に？）→自分の意見（まとめ）

四段落　三段落　二段落　一段落

国語教科書の本文

小学6年国語科説明文「笑うから楽しい」で筆者が2つの事例を挙げた意図を考える場面。Google Jamboardを使用し、5つの資料を提示した。児童たちは5つの資料を比較し、受ける印象の違いを同じJamboardの付箋に書き込み、共有。共有した考えをもとに、筆者の意図について考察した。

◆資料を楽々提示

【Google Jamboard で楽々資料提示】

　小学6年国語科説明文「笑うから楽しい」（光村図書）で筆者が2つの事例を挙げた意図を考える場面。児童たちが筆者の意図を考えられるように、教員はもとの本文と事例のない本文を比較できる資料を提示しようと考えた。

　そこで、以下の5つのデータを作成し、Jamboard のフレームの背景に1つずつ貼り付けた。そして、児童たちと Jamboard のデータを共有した。

（1）もとの本文から事例①②を省いた文章
　　（提示資料1）
（2）事例②のみ省いた文章
（3）事例①のみ省いた文章（提示資料2）
（4）事例①②の順番を入れ替えた文章
（5）国語教科書の本文

提示資料1

提示資料2

◆児童たちも楽々意見共有

【付箋で楽々意見共有】

　Jamboard は班ごとに共有した。児童たちは資料を読んで感じたことを自分のペースで付箋に書き込んでいく。A児は黄色、B児は緑色と付箋の色分けをしているため、どの意見が誰の意見か一目で分かる。

【付箋を見ながら楽々意見交換】

　Jamboard には同じグループの児童の意見が書き込まれる。児童たちは他の児童の意見を読み、賛同の声かけをしたり、質問をしたりして意見交換を進めた。

◆楽々準備・深まる考え

　本実践では、Jamboard で資料提示をした。従来は5つの資料を作成したら、それぞれ人数分印刷し配布していた（約180枚）。Jamboard で印刷と配布が不要になり、楽々と資料の準備を終えた。

　児童たちの意見共有も素早く手軽に行えた。従来他の児童の意見を知りたければ自ら近づき尋ねる必要がある。Jamboard では他の児童の意見が自動で共有される。

　そのため、児童たちの対話は意見共有のためではなく、互いの意見についての考えを伝え合うために始められた。そうすることで児童たちの考えは深まっていった。

Jamboard で資料作成

　本授業は Jamboard で資料を作成して提示している。
①児童たちに提示したい資料を画像データで準備をする。
②準備した画像データを Jamboard の背景に貼り付ける。
③ Jamboard のデータを Google Classroom で児童たちと共有する。
　本授業を実践するためには、上記3つを行う ICT スキルが必要であった。

個別最適な学びと協働的な学びの一体的な充実とクラウド活用

佐藤和紀 ●信州大学教育学部・准教授

1人1台の情報端末を活用して、個別最適な学びと協働的な学びを一体的に取り組むためにはクラウドの活用が不可欠です。また、1人で取り組もうとするほど、情報活用能力が必要となってきます。

❶ 個別最適な学び

2021年1月の中央教育審議会「「令和の日本型学校教育」の構築を目指して（答申）」では、個別最適な学びは学習者の視点とされ、これまでの個に応じた指導は教師視点とされ、区別して記述されています。その上で、協働的な学びと一体的に充実させていくことが示されています。

また、児童生徒が自己調整しながら学習を進めていくことが前提とされ、指導の個別化と学習の個性化について説明されています。

❷ 指導の個別化

答申において「指導の個別化」は次のように記述されています。

全ての子供に基礎的・基本的な知識・技能を確実に習得させ、思考力・判断力・表現力等や、自ら学習を調整しながら粘り強く学習に取り組む態度等を育成するためには、教師が支援の必要な子供により重点的な指導を行うことなどで効果的な指導を実現することや、子供一人一人の特性や学習進度、学習到達度等に応じ、指導方法・教材や学習時間等の柔軟な提供・設定を行うことなどの「指導の個別化」が必要である。

写真は、小学校で参観した体育の授業の様

図1　1人ひとりが学び方を選択する

子です（春日井市立松原小学校）。児童の情報端末には、Google スプレッドシートが起動されています。この日は三点倒立に取り組む学習内容でした。児童から画面を見せてもらうと、三点倒立の練習ステップが7つのミッションに分けられていました。

そして、それぞれのミッションにはYouTube 等の動画がリンクされていました。児童は、自分が取り組む（つまりつまづいている）ミッションが今どこなのかを把握した上で、お手本動画の視聴→練習（撮影）→お手本動画と撮影した動画を確認→練習、というサイクルで取り組み、ミッションができるようになったら、次へ進み、同じサイクルで練習に取り組んでいました。それでも支援が必要な児童はいます。先生はそこへ行って丁寧に指導する姿が見られました。

このように見ていくと、この先生は、児童自身が調整しながら取り組める教材や仕掛け

をクラウド上に準備していることから、柔軟に学びを提供しているように思いますし、その学習環境によって、支援の必要な児童をより重点的に指導していたと考えられます。

❸ 学習の個性化

答申において「学習の個性化」は次のように記述されています。

基礎的・基本的な知識・技能等や、言語能力、情報活用能力、問題発見・解決能力等の学習の基盤となる資質・能力等を土台として、幼児期からの様々な場を通じての体験活動から得た子供の興味・関心・キャリア形成の方向性等に応じ、探究において課題の設定、情報の収集、整理・分析、まとめ・表現を行う等、教師が子供一人一人に応じた学習活動や学習課題に取り組む機会を提供することで、子供自身が学習が最適となるよう調整する「学習の個性化」も必要である。

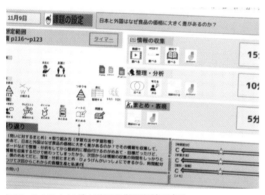

図2　1人ひとりが1時間の学習を計画する

写真は、小学校で参観した社会の授業の様子です（信州大学教育学部附属松本小学校）。このクラスでは、探究の学習過程で、1人ひとりがGoogleスライド上で1時間の学習の計画をします。この児童は情報の収集は資料集やWebサイト、動画を用いて行うと自分で決めています。整理分析では、まず収集した情報を比較し、その後に関連付けをしてい

く作業をしていくことを決めています。そしてこれらをGoogle Jamboardで行うとしています。時間配分も自分で決めます。

❹ 個別に取り組む中で起こる協働的な学び

単元や1時間の目標は計画通りで同じであろうとも、このように学び方を選択していくことによって、学習が「個性化」していきます。子ども1人ひとり、課題の捉え方も違いますし、それに対してのアプローチも様々です。もちろん、1人ひとり学習への理解や進度も違います。

このようにして、児童1人ひとりを尊重して学習が進められていきますが、もちろん1人で進めていくことには不安があります。だからこそ、クラウドで他の児童の計画を参考にしたり、学習の進め方を参照したりしながら進めていく姿もあります。Google Chatでは、分からないことがあったらどのように取り組んでいるかを質問する児童がいますし、席を立って、他の児童のところに直接聞きに行く児童もいます。このようにして、クラウドが足場かけを実現しつつ、自然と必要感のある協働的な学びが広がっていきます。

❺ 学習の基盤となる資質・能力

小学校学習指導要領には、学習の基盤となる資質・能力は次のように記述されています。

(1) 各学校においては、児童の発達の段階を考慮し、言語能力、情報活用能力（情報モラルを含む。）、問題発見・解決能力等の学習の基盤となる資質・能力を育成していくことができるよう、各教科等の特質を生かし、教科等横断的な視点から教育課程の編成を図るものとする。

言語能力の育成は、これまでも授業中や授

業以外の場面で言語活動を通して行われてきましたので、そのことはイメージしやすいと考えています。国語科以外でも、話すこと聞くこと話し合うこと書くこと読むことは行われてきました。宿題で日々の日記を書くというような活動もその1つとしてとらえることができるかもしれません。このように考えていくと、情報活用能力や問題発見・解決能力等についても授業中のみならず、様々な場面で育成していくことが考えられます。

　情報活用能力は、1984年の中曽根康弘内閣による臨時教育審議会答申で提案され、登場した言葉であり、その後は学習指導要領にも示されてきました。しかし、なかなか定着しなかった言葉であると言えます。では、なぜ先生方はこの情報活用能力に指導や育成の必要性を感じてこなかったのでしょうか。そのことを学習形態でとらえてみましょう。

❻ 一斉指導の中の情報活用能力

　一斉指導は、教員が児童生徒にめあてや学習の手順を指示したり、教材を指定したりして、それに従って授業が進行していきます。大げさな表現をすれば、教員の指示や説明に従っていれば、授業は進んでいきますから、児童生徒自らが特に情報活用能力を発揮したいという場面はあまりありません。もちろん、書くことをタイピングで取り組むことを指定されれば、情報活用能力の中のICT活用が求められるわけですので、そのスキルアップはしておく必要があります。また、例えば理科の実験のデータをスプレッドシートに入力し、データを集計したり分析したりするような学習活動を指定されたとすれば、やはりそのスキルや方法を知っている必要はありますし、学びながらでも習得していく必要があります。こうして、一斉指導であれば、児童生徒は少しずつ情報活用能力を習得していく

ことでしょう。しかし、教員に活用を指定されている状態だけでは、あまり必要感は感じにくいでしょう。

❼ 個別最適な学びの中の 情報活用能力

　次に個別最適な学びです。個別最適な学びは指導の個別化と学習の個性化に分かれており、それらも細分化して様々な形の学習形態がありますが、いずれにせよ個別最適な学びですから、めあてや学習の進度などが児童生徒1人ひとり違うことが前提となります。例えば、まずルーブリックの選択があるとします。ある児童はA、ある児童はBを選択するとします。次に、Aはどのように目指すのか、その行動目標を児童自身が設定するとします。すると、行動目標はそれぞれ違いますから、ある児童は教科書で調べる、ある児童はWebサイトで調べる、調べた情報を比較して考える、考えた結果をドキュメントに入力してまとめる、スライドに表現して発表する、などと学び方も様々な場合があります。このように考えていくと、情報の収集にも様々なメディアがあって、目的を達成できそうなメディアを選択して情報を収集する力が必要となります。したがって、当然、一斉指導よりも幅広く、そして切実に、格段に情報活用能力が必要になってきます。整理・分析やまとめ・表現の段階でも同じことが言えます。

　一斉指導と個別最適な学び、それぞれの学習形態から情報活用能力について見てきました。もちろん一斉指導でも情報活用能力は育まれることでしょう。しかし、必要感は個別最適な学びのほうが破格に大きいはずです。情報活用能力の必要感を感じにくい場合は学習形態に着目してみると、状況が一変するかもしれません。

目的や方法を生徒と共有する

K	L	M	N	O	P	Q
平均値		表1：一定の抵抗（10Ω、20Ω、30Ω）による電圧と				
電圧〔V〕		0.0	1.0	2.0	3.0	4.0
電流〔A〕	10Ω	0.000	0.100	0.202	0.301	0.401
	20Ω	0.000	0.049	0.097	0.147	0.193
	30Ω	0.000	0.032	0.067	0.100	0.133

平均値　表2：一定の電圧（1〜5V）による抵抗と電流の関係

抵抗〔Ω〕	10	20	30
電流〔A〕 1V	0.100	0.049	0.032
2V	0.202	0.097	0.067
3V	0.301	0.147	0.100
4V	0.401	0.193	0.133
5V	0.497	0.244	0.163

　文部科学省が 2020 年 6 月に公開した「教育の情報化に関する手引（追補版）」には、「学校における ICT を活用した学習場面」として、一斉学習や個別学習、協働学習など、学習形態に応じた 10 の場面が示されています。本章では、これを踏まえ、主に一斉学習や協働学習下における ICT の活用事例を 7 例掲載しました。具体としては、共有機能を用いて行った教材等の提示や共有、共同編集機能を用いて行った話し合いや協働制作などです。

　各事例に共通することは、ICT を利用する目的や方法を、教員と生徒が共有する必要性です。ICT 利用が目的ではなく、学習材等への興味・関心を高めたり、自らの学びを広げたり深めたりすることを目的に、適切な方法で ICT 利用をする。そういった、ICT の活用上手がたくさん生まれる授業を教員と生徒で目指していきたいと考えています。

戸塚拓也　●信州大学大学院教育学研究科・実務家教員

示範実践
実習実践

実践者：附属長野中学校 戸塚拓也・
関 颯翔（実習生）・大川 知佳（実習生）
記録者：附属長野中学校 戸塚拓也

Google ドキュメントを活用して応答集を作成する

「ナレーション」への応答集

メンバー(   )

～質問コーナー～
・最後の「あ、射たり」と「情けなし」と言った人を「人」と「者」に書き分けて
あるのは なぜですか？
→「平家物語」冒頭でも、「おごれる人」「たけき者」と言っている。つまり、
「人」と「者」を使い分けている可能性が高い。
「おごれる人」：権力者→当時で言えば、平家？
「たけき者」　：上から考えれば、武力の人→源氏？
つまり、「人」が平家で、「者」が源氏

そうなら、
「あ、射たり」と言ふ人もあり。
「情けなし」と言ふ者もあり。
は、平家が「あ、射たり」と言って、「情けなし」と源氏が言ったことになる。

普通、逆のセリフになるのでは？
次回考える。

冒頭と関連付けていていいね。二つ、投げかけます。
一つ目
今までは平家と源氏という軍の比較になっていたのに、最後だけ「人」と
「者」の比較になっている。これはなぜ？
二つ目
絶対的な解釈が一つあるというわけではなく、複数の解釈がありうる？

→軍の比較ではなく、人物の比較になっている。
扇を射抜くことと男の首を射抜くことの違い。扇を射抜くのは、二つの軍どちら
にとっても晴れがましい。でも、男を射抜いて殺してしまうのは、晴れがましい
とは考えにくい。
だから、軍全体の反応ではなく、そこにあった特徴的な反応を挙げて比較してい

Google ドキュメントを活用して、中学2年の古典教材「扇の的」（光村図書）に寄せられた疑問に対する応答集を作成する授業を行った。そこでは、「『扇の的』を読んで抱いた疑問をドキュメントに寄せ合う、寄せられた疑問に対する応答集を小グループで作成する、他グループとの意見共有から応答集を見返し、まとめる流れとした。

◆ 疑問を寄せ合う

「扇の的」の初読段階において抱いた疑問を、3つのドキュメント（「那須与一」・「義盛・年五十ばかりなる男」・「ナレーション」）に分けて挙げるように促した。これにより、生徒は、自分や他の生徒がどの人物に違和感を持ちながら「扇の的」を読んだのかを自覚することができたり、「扇の的」を読んでいくことに興味・関心を高めたりすることができていた。

「ナレーション」に寄せられた疑問（青字）

その後、上記3つの立場の中から担当する立場を決め、同じ立場を担当する生徒同士で小グループを組み、応答集を作成していくことを確認した。

◆ 応答集を作成する

生徒は、同じグループ内で挙げられた疑問

「ナレーション」担当グループによる追究（黒字）

に対して、どのような応答をするか、検討を行った（黒字部分）。

教員は、授業中に支援を行うとともに、授業後、各グループの検討内容を読み、次時に向けた支援を行った（赤字部分）。

◆ 検討内容は縦長に記録する

授業では、3時間にわたって応答の在り方を検討する時間を設けた。そこで生徒は、毎時間、応答内容を更新していった。教員は、それぞれの時間でどのようなことに行き詰まり、どのような解決を見いだしたかを足跡として残すように求めた。

教員の支援（赤字）を基に、検討を続けていった様子（下の黒字）

これを受けて生徒は、自分たちの検討したことを削除することなく、縦長に記録として残していった。

◆ 疑問に対する応答をまとめる

各グループで検討を進めた生徒に対し、教員は、立場が同じ他グループと共有する場を設けた後、疑問に対する応答をまとめるように促した。

「ナレーション」グループに寄せられた疑問に対する、あるグループの応答の一部

◆ 成果

- ドキュメントを利用して、小グループによる活動を中心に単元を展開したため、生徒1人ひとりが応答内容の検討に責任をもって関わる姿が見られた。

- グループ間共有では、事前に検討したいことをコメント機能を使って挙げることで、すぐに検討を始めることができていた。

- 検討内容を縦長にして残し続けたことで、単元末に自身の学習過程を振り返り、問題解決の糸口となった見方・考え方を自覚することにつながった。

💡 共同編集の足跡をどう残すかを生徒と共有したい

Googleドキュメントのような共同編集機能を授業で活用していくことのメリットは大きい。一方で、その足跡をどう残すかを生徒と共有しないと、次時に生かせるものにならなかったり、他者が見て内容がわからなかったりする事態に陥ることもある。本実践では、色を変えたり、毎時の足跡を縦長に残したり、他者である読み手の存在を意識したりしながら足跡を残すように確認した。

実践者：巣守玲央（実習生）
記録者：附属長野中学校 木内浩司

実習実践

料金プランの特徴を
Google スライドで共有しよう

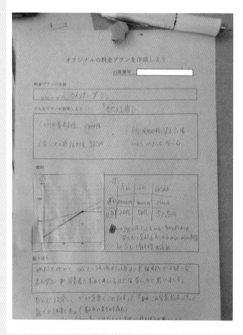

このプランは200分以上は通話料金無料
S社よりも安く手頃に通話をすることができます。全世代におすすめのワンプラン

一つ使うならどの資料を使う？
① グラフを使います

どうしてその資料を選びましたか

A社とS社の違いをわかりやすく伝えるため。
また14000以上にならないというのを視覚的にわかりやすくするため。

「一次関数の利用」の授業場面で、携帯電話の料金プランを考え、説明する活動を位置付けた。そこで生徒は、実在する2つの携帯電話会社の料金プランを、表、式、グラフに表すことによって、表、式、グラフの有効性を確認した。その後、自分で料金プランを考え、そのプランのよさを、スライドを用いて他の生徒に説明した。以上のような活動に取り組むことによって、生徒は、表や式、グラフを適切に選択する必要性や、相手意識を持って資料を活用し、説明する必要性に気づくことができた。

◆前時

前時、生徒は、2つの携帯電話会社の料金プランを比較・検討し、それぞれのプランの特徴を、表、式、グラフでとらえ、他の生徒に説明する活動を行った。その中で、「グラフを見ると、交点があります。交わっているということは、料金が同じになっているということです。また、グラフの傾きを見ることで、どちらの料金プランがどれぐらい上がっていきやすいかもイメージすることができるので…」等と、それぞれのプランの特徴を表、式、グラフで表すことのよさをとらえていった。

◆本時の授業の前半

前時までに2つの料金プランの比較・検討を行った生徒に対して、教員は、「自分だったら、どのような料金プランを考えるか」と問うた。そこで、生徒は、基本料金と1分あたりの通話料金を設定。料金プランのターゲット層を自分で決めたり、前時に求めた2つのプランの交点からあまりにもかけ離れたプランは考えないことに配慮したりしながら、基本料金と通話料金を設定した。

ここで、生徒は、「ターゲットは通話時間が多い人にしよう。その人たちが契約したいと思えるのは通話料金が少ないプランなので、基本料金を高めに設定し、利益が出るように考えればよさそうだ」や、「長い時間話していたいという人にとっては、通話時間に限らず、通話料金が一律であるといいかな。そうすると、グラ

フが横ばいになりそうだ」「月によって、通話時間がばらばらの人もいると思う。そのような人には、通話料金が、50分ごとに変化するプランがあれば、通話時間に応じて料金が変化して、その点にメリットを感じて契約するお客さんが出てくるかもしれない」等と、お客の多様性を踏まえて、プランを練っていった。

◆本時の授業の後半

授業後半、教員は、自分のプランのよさを、スライドを使って説明する場面を設定した。

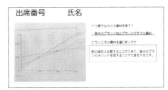

グラフを用いて説明した生徒の一例

生徒は、自分のプランを伝えるには、表、式、グラフのどれを用いればよいか

表を用いて説明した生徒の一例

について検討した。そして、「表で書くことで、数値が目に見える。グラフも確かに形を目でとらえやすくなってはいるけれど、自分がお客さんだったら、【何円かかります】と示してくれた方が、具体的で伝わりやすいと思う」等と、プランの説明を受けるであろうお客さん目線で考えたりしながら、スライドを作成した。

説明を終えた生徒は、表、式、グラフを適切に選択し、他者に説明する必要性や、相手意識をもって説明することの大切さなどに気づくことができた。

💡 データのアップ方法・レイアウト設定方法の習得

このような授業を実現させていくには、普段の授業から、教員は写真データのアップやスライド内のレイアウト設定など、基本的な操作方法を習得する場面を意識的に設ける必要がある。また、スライド内に載せる情報を、目的に沿って取捨選択することができるように、目的意識式や相手意識をもつことや、自分の説明の構成や展開を意識することの大切さを生徒と共有する必要がある。

実践者：雨宮海斗（実習生）
久津輪元章（実習生）
須藤那絃（実習生）
記録者：附属長野中学校 金子 智

Google スライドを活用して プログラムの改善点を共有する

4班

着目した視点	検討内容と改善・修正方法
使いやすさ	検討内容…文字を打つのが大変 改善…なるべく文字を打つのが少なくなるようにする 修正方法…チャットボットプロ、データベースの見直し 7班のように記号や番号を活用する。
分かりやすさ	検討内容…情報量が多いという意見が出たのでそこを改善する 改善…サイトの文をそのまま引用してくるのではなく、それをもとに自分たちで端的にまとめる 修正方法…データーベースの修正
不具合	検討内容…異なる言葉を入れても、同じ説明が出てきてしまうことがあった 改善　…異なる言葉が出てこないようにする 修正方法…実際に自分たちで使ってみて、どのように異なる説明が出てくるのか調査、また、そこのチャットボットプロorデーターベースの修正 類似する言葉に記号や番号を対応することで解決！

　プログラミング教材を使用した下級生から得たレビューを基に、プログラミング内容の改善点を考える授業を行った。

　そこで教員は、Googleスライドを活用し、3つの視点（使いやすさ・分かりやすさ・不具合）から改善点を考えるように生徒に促した。また、改善点を考えるうえでの流れを、小グループによる検討、他グループとの意見共有、小グループによる見返しという流れとした。

◆プログラムを小グループで検討する

　1年生のレビューを見た生徒は、3つの視点（使いやすさ・分かりやすさ・不具合）を基に小グループでプログラムの改善点について検討を行った。

　授業において、生徒は、スライドを用いた画面上の共有をしたが、実際には写真のように、顔を突き合わせた検討を行った。これは、顔を突き合わせた検討により、小グループ内の意思統一を図りやすくし、

教員が用意した、スライド

小グループで顔を突き合わせた検討を行いながら、スライドに改善点をまとめている様子

その後の制作へとスムーズに進みたいという考えが生徒にあったためと考える。

◆検討内容を他グループと共有する

　授業において教員は、各グループの検討内容を、スクリーンに映して示したり、他グループの検討内容を随時共有させたりした。このようにすることで、生徒は、各グループの検討内容が確認しやすくなり、他グループの検討内容と自グループのそれ

スクリーンでの提示やスライドの共有から、他グループの検討内容を確認する生徒の様子

とを比較し、改善点やその具体を見返すことにつながった。そして、この見返しにより、各グループが、プログラムの改善方針を明確に立てることができた。

◆スライドの共有方法

　スライドを Google Classroom で共有する場合、「スライドの共有方法①」のように1つのファイルで共有する方法と、「スライドの共有方法②」のように Google ドライブ フォルダ等のリンクから班ごとにファイルで共有する方法が考えられる。①の方法では1つのファイルに多数のアカウントが同時にアクセスされるため、通信速度の低下等の不具合が生じることが多い。よって、少し手間はかかるが、②の方法で、スライドを使う集団毎にファイルを作成し、接続するアカウントを減らして編集が行えるようにする方が有効であることが、実践から見えてきた。

スライドの共有方法①

スライドの共有方法②

💡 同時編集の際の注意点

　このような表の同じセルを複数人で同時に編集すると、他のアカウントと干渉し合い、入力内容が反映されないことがある。そこで、オブジェクトを活用して独立した自分の入力スペースを確保したり、生徒同士で入力する場所や順番を事前に決めてから編集することを指導しておきたい。

示範実践

実践者：附属長野中学校 丸山進一
百瀬明里（実習生）
山本歩生（実習生）
記録者：附属長野中学校 丸山進一

Google Jamboadを活用した社会科における対話的な学びの実践

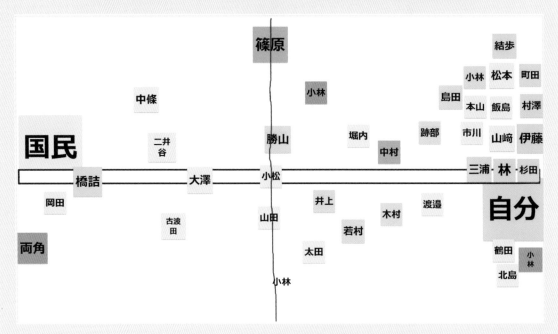

中学1年社会科の歴史的分野「摂関政治の時代」における、「藤原氏の政治は国民のためか、自分（藤原氏）のためか」という問いについて、複数の資料を基に自分の立場をJamboardで表し、生徒同士が考えを共有する授業を行った。

そこで、生徒は、他の生徒の考えに共感したり、他の生徒の考えから藤原氏の政治に対する新たな考えをもったりしながら、問いに対する自らの考えを深めていった。

◆問いに対する自分の考えを Google フォームを用いて共有する

前時、教員は生徒に、「藤原氏の政治は国民のためか、自分（藤原氏）のためか」という問いに対する自分の考えをフォームを使って提出するように求めた。その後、教

藤原氏の政治に対する自分の考え

自分の政治をもっとやりやすくしたいからといって勝手に娘の結婚相手を決めたり、周りに強いりつけるのはただの自分勝手だと思う。摂関太子みたいに、「国民のため」ということをやっていなかった。 … もっもっと国民に目を向けてやればよかったと思う。

自分や身内のための政治になっていると思う。うまいやり方だと思ったけど、国民のためになっていないと思う。国民のための政治になっていって不満が集まって、いつかその政治は壊れてしまうと思う。

自分の地位を上げるためにやったことだと思うので、よくは思わないなと考えています。

藤原氏は娘を天皇の后にすることによって摂関政治をし、実験を握った。また、公卿を増やしたによって政治を作りやすくなり、官の独占を果たした。

自分は、藤原氏の政治は良くないことだと考えて、その理由が藤原氏は自分の娘を后にしてということで、身分が高い人を自分だったら勝手に相手を決めるのは絶対に嫌だし本人がえているかはわからないけど自分が確立に立ちたいがためっって感じにし、嫌だなと思いました。

私は、藤原氏の政治のやり方は嫌いです。理由は、藤原氏は自分の娘を使って自分が政権を握らす。自分でではなくて、誰かを使って、しかも自分のためだけにそんなことをするのは、ひとだと思ってなくて。「国民のためではなくて、「自分のために」、しかも自分の娘を天皇の后にでないなんて、ひどいと思うし、国民にとっても良くないと思う。その娘もかわいそうだな、と思いした。

自分の都合よくするために、周りも色々と動かす頭脳は尊敬できる部分もあるけど、その政治が国民のためになっていないところがひどいなと思う。また、自分の娘がしたいとか言いないのに無理やり結婚させられるのはどうなのかなと思った。

官位を独占することや、自分の娘を后にすることは藤原氏が大きくなっていくためには必要なことで行ってもいいと思いますが、正遣やりやすげにやないのかなと思ってしまいます。

関白を兼ねって、税を不正に多く取り立てて利益を得るのは良くないと思います。「不正に」というが許せないなと思いました。

自分は藤原氏の政治には反対ですが、平安時代は長く続いたので、良いところもあったのではないかと思いました。

フォームを用いて共有した互いの考え

員は、生徒が提出した考えを Google スプレッドシートを用いて一覧にして提示した。これにより、生徒は、他の生徒の考えを一度に把握することができるようになった。そして、藤原氏の政治を多角的にとらえたり、他の生徒がなぜそのように考えたのか疑問をもちはじめたりした。

その後、教員は、問いに対する自分の立場が、「国民」と「自分」のどちらに寄っているか、Jamboard に表すように促した。

◆Jamboard を活用して 互いの立場を見える化する

生徒は、Jamboard に自らの立場を表した。これを基に、自身に近い立場や遠い立場をとる他の生徒と互いの考えを共有することによって、共感したり、藤原氏の政治に対して新たな考えをもったりし、問いに対する自らの考えを深めることにつながった。

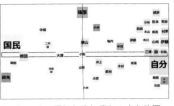

Jamboard に現れたそれぞれの立ち位置

◆問いに対する自分の考えをまとめ、 考えの深まりを自覚する

本時の終末、教員は、問いに対する自分の考えをフォームに再提出する場を設けた。その後、教員は、本時の導入段階における自分の考えと本時の終末段階における自分の考えとを比較するように促した。これにより、生徒は、本時の振り返りにおいて、自分の考えの深まりや変容を自覚することができた。

◆成果

- スプレッドシートを活用して前時の問いに対する生徒の考えを共有することで、生徒1人ひとりが多角的にとらえることにつながった。
- Jamboard に立場を表すことで、他の生徒の考えを聞いてみたいという願いをもつことにつながった。さらに、他の生徒の考えを聞いて考えが変容した生徒は、自らの立場をすぐに変更することができた。

藤原氏の政治に対する自分の考え *

回答を入力

フォームに最終的な考えをまとめる

ICT の活用により、効率的かつ対話的な学びへ

従来は、生徒がワークシートに記述し、それを基に教員が教材を準備したり、マグネットシートを活用したりして考えの共有を生み出していた。これに比べて、1人1台端末がある今は、ICT を有効に活用することで、より効率的に生徒同士で考えを共有したり、比較したりすることが可能となっている。そして、この有効活用こそ、対話的な学びにつながっていく。

中学校のクラウド活用1

69

中

実習実践

実践者：河路琴葉（実習生）
記録者：附属長野中学校 常田浩二

Google スライドを
活用した試行錯誤

　題材『「身近な美」を展示しよう』（中学1年）において、描いた絵の展示方法について考える学習を行った。そこで、授業者となった教育実習生は、展示場所や絵の高さ、他の生徒の絵との間隔などを生徒が考えやすくするため、スライドを活用して、展示方法を検討する示範を授業冒頭で行った。これにより、生徒も、スライドを用いて検討することで、自身の絵の展示方法を発想し構想していくことにつながった。

◆展示場所を考える

　題材の冒頭、教員は、校内のどこに、どのように展示すれば、自分の絵が映えるかと生徒に問うた。これに対して、生徒は、絵を目線の高さに合わせることや、壁の色、光の当て方、作品同士の間隔などを考えて展示すればよさそうだと、見通しをもった。

　その後、教員は、自分の絵をどこに、どのように展示すればよいのかを生徒が具体的に考えていけるようにするために、実際に校内を見て回り、展示場所の候補を探す場を設けた。そこで、生徒は、候補となる展示場所をChromebook で撮影した。

◆展示の仕方を試行錯誤する

　第２時の授業者となった教育実習生は、前時に展示場所の候補を見いだした生徒に対して、第２時において、展示方法の具体を考えてほしい

第２時の導入において授業者が生徒に示したスライドの一部

と願った。そこで、授業者は、スライドに、候補となる展示場所の画像に自身の絵の画像を重ねたものを作成し、生徒に示した。そして、自身の絵の配置を上下左右に動かして見せることで、展示場所の検討ができることを確認した。

　これにより、生徒は、「絵を見る人物の目線の高さに絵の中央を合わせるとよさそうだ」と気づいたり、「友だちの作品との距離が近すぎ

ると鑑賞の邪魔になる」と考えたりした。そして、スライドを用いて、前時に撮影した展示場所の候補画像に自身の絵を配置し、動かしてみた

スライドを用いて、展示方法を検討している生徒の画面

り、同じ場所を候補としている他の生徒の画像と並べてみたりしながら、自分の絵をどのように展示すればよいのかについて発想し構想した。

◆友だちと考えを共有

　第２時の終末、授業者は、互いのスライドを見合い、生徒同士で考えを共有する場を設けた。これにより、生徒は、自分の考えを可視化させながら説明し、他の生徒から得たアドバイスを

スライドを用いて他の生徒に自分の考えを説明している様子

基に、再度スライドに立ち返り、展示方法を見返した。

◆スライドを用いる主な効果

- 絵の画像を容易に動かすことができ、絵の配置を細かく調整することができる。
- 他の生徒の考えやアドバイスを聞いたその場で絵の画像を移動させながら構想を検討することができる。

撮影する画像には物や人物を入れる

　展示場所の撮影では、壁のみを寄せて撮影すると、周囲の状況が分からない。引いて撮影することで、場所の様子が分かり、映り込んだ窓などとの距離などの情報が入り、それを基に試行錯誤することにつながる。さらに、人物を入れて撮影することで、展示する高さを考える基準となる。また、生徒同士で協力して異なる身長の生徒を入れて撮影することで、より多くの人が見やすい絵の高さを決め出すことにつながる。

示範実践

実践者：附属長野中学校 阿部知之
記録者：附属長野中学校 阿部知之

資質・能力を育成するための ICT 機器の活用法

My hometown

My hometown is Hakoshimizu.
Hakoshimizu has many
enjoyable things and places.
There is a Zyouyama park in
Hakoshimizu.
It has a fountain.
You can enjoy this fountain.
You can see right up the fountain at
night.
It is very beautiful.
It holds many cherry blossoms too.
You can enjoy Ohanami in spring.

There is a Kenritu Museum in
Hakoshimizu.
It holds a lot of paintings.
You can see different paintings at
different times.
You can see beautiful fog too.
I feel cool in the fog.It is a place visited by
a lot of tourists.

Please come to Hakoshimizu!

My home city!

I live in Nagano city.
[zenkoji temple]

My favorite place is this
temple.
Is holds Niozo、Zenkouji.
Do you know Niozo?
Niozo is a very powerful
statue.
Please teke a look!

[Oyaki]
You can eat Oyakli.

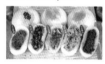

Oyaki is traditional food in
Nagano.
Oyaki is very delicious.
My favorite Oyaki is Anko.
Please try eat!

Nagano is good city.Please come to
my home city!

Lesson Goal「自分が住んでいるまちを紹介する記事を書こう」に向けてまとまりのある英語を書いてきた生徒に対して、教員は、Googleドキュメントを用いて、文字や画像の配置、配色等を考えながら、写真と英文とをつなげて説明する文を作るように促した。これにより、生徒は、読み手を意識した記事を書くことにつながった。

◆ 単元の「はじめ」（教科書の内容をつかむ）

単元の「はじめ」では、教科書の登場人物である ALT のブラウン先生が、出身地であるロンドンやそこに住む家族の紹介をしている。教員は、デジタル教科書（教材）を用いて映像を映し、ブラウン先生の家族の情報を聞き取る活動を取り入れた。なお、デジタル教科書（教材）には、アニメーション機能がついているので、英語が苦手な生徒にとっても、必要な情報や概要を聞き取ったりすることができた。

その後、ブラウン先生が「My favorite places」として書いた記事を読み取る活動を取り入れた。そこで、生徒は、読み取った内容のキーワードを授業支援クラウドにあるマッピングシートを用いて整理し、記事の概要をまとめた。このようにすることで、生徒は、文章の概要を読み取ることができていた。また、それを ICT 機器を用いて共有し、読み取った部分の共通点や相違点に着目することで、互いに読み取れていなかった内容を補うことができ、より内容を理解することにつながった。

◆ 単元の「なか」（自分の記事の内容を見いだす）

単元の「なか」では、「自分が住んでいるまち」について記事を書くために、教員は、単元前半同様にマッピングシートを用いて自分の考えをまとめる活動を取り入れた。ここで、単元の「はじめ」と同じようにマッピングシートを用いることで、生徒自身が、メモの必要性を感じながら活動をスムーズに進めることができた。

また、マッピングシートのメモの色を変えることができるようにしたことによって、紹介したいまちや場所、それらについての情報等を色分けしてまとめることができた。そのようにすることで、紹介したい相手に応じてそれぞれの場所の詳細な情報についてまとめたり、紹介する順番を考えたりすることにもつながった。

◆ 単元のおわり（自分の記事を作成する）

単元の「おわり」で教員は、作成したマッピングシートをもとに、Google ドキュメントを用いて、記事として表現する活動を取り入れた。

上記のように、ドキュメントを用いたことで、生徒は、画像の貼り付けや文字の配色等が容易にできるようになった。そして、読み手が読みやすくなるようにという相手意識をより明確にもち、画像を使用したり、文字の大きさや配色、配置を工夫したりして、写真と英文とをつなげてまとまりのある内容で記事を書くことに

生徒が実際にドキュメントを用いて作成した記事

つながった。

また、文法上の間違いや単語の打ち間違いに対して校正がされるので、正しい表現の気づきにもつながった。

💡 写真の貼り付けは説明が必要！

インターネットから画像をコピーして貼り付けることは容易にできるが、それを文章内のレイアウトとして用いた経験をもつ生徒は少ない。実際に記事づくりに取りかかると、画像を思った場所に移動できない生徒が多くいた。よって、「レイアウトのオプション」と「文字列の折り返し」については、教員から説明が必要になる。

示範実践

実践者：附属長野中学校 牧島 司
記録者：附属長野中学校 牧島 司

ICT を活用して 法則性を導き出す

　結果の共有や表計算ができる Google スプレッドシートを活用して、抵抗、電圧、抵抗の関係性を導く授業を行った。

　生徒は、「電流は電圧に比例するが、抵抗には反比例する」という仮説を基に、実験を行った。そして、スプレッドシートで共有したデータから、「電流と電圧」「電流と抵抗」のグラフを授業支援クラウドを用いて作成し、仮説を立証した。

◆導入場面

生徒は、まず、電圧を大きくすると電球がだんだん明るくなる様子や、抵抗の異なる電球に同じ電圧をかけると抵抗の小さい方が明るく光る様子を観察した。そして、電球の光り方には電球に流れる電流の大きさが変化していることを確認し、学習問題「電圧、電流、抵抗にはどのような関係性があるのだろうか」を設定した。

生徒は、回路の電圧や電流のきまりを追究する実験を行った経験から、「電圧が大きいほど、電流は流れる」や「抵抗が大きいと電流は流れにくくなる」と、それぞれの関係について仮説を立て、結果のグラフを予想した。

なお、ここで使用した授業支援クラウドには、直線をかく機能があるため、直感的に短時間で予想を表すことができ、そのまま共有することもできた。

◆実験場面

実験は、3つの抵抗器を用いて、抵抗器の両端に加わる電圧を変化さ

4 班　表1：一定の抵抗（10Ω, 20Ω, 30Ω）による電圧と電流の関係						
電圧 (V)	0	1.0	2.0	3.0	4.0	5.0
電流 (A) 10Ω	0.000	0.110	0.210	0.312	0.408	0.510
20Ω	0.000	0.055	0.110	0.155	0.205	0.255
30Ω	0.000	0.040	0.080	0.100	0.135	0.170

5 班　表1：一定の抵抗（10Ω, 20Ω, 30Ω）による電圧と電流の関係						
電圧 (V)	0	1.0	2.0	3.0	4.0	5.0
電流 (A) 10Ω	0.000	0.075	0.201	0.302	0.400	0.497
20Ω	0.000	0.052	0.100	0.148	0.193	0.244
30Ω	0.000	0.032	0.068	0.104	0.138	0.186

実際にスプレッドシートを用いて共有された結果の一部

せて、抵抗器に流れる電流の大きさを測定した。

ここで生徒は、実験結果をスプレッドシートに入力した。スプレッドシート上ではリアルタイムに結果が共有されるため、自分のグループの結果と他のグループの結果とを比較することができ、結果の妥当性を確認することができる。これにより、生徒は、正確なデータが取れていない場合、すぐに再実験をすることが可能となり、実際に再実験を行うグループもあった。

◆考察場面

スプレッドシートには、事前に数式を組んでおき、各グループのデータの平均値を出すことができるようにした。これにより、生徒は、共通の結果から考察することが可能となり、考察の議論がしやすくなった。さらに、平均値と自分のグループの結果とを比較することで、誤差の大きさについても考察することが可能となった。

また、生徒は、考察場面において、仮説に基づき、実験結果を使って電圧と電流、抵抗と電流それぞれを表に整理した。

これにより、生徒は、結果のデータのプロットを授業支援クラウド上のグラフに書き込むことができるようになった。そして、変化の関係性を考察する際、直線的な変化か曲線的な変化かを、書き試しながら考えることにつながった。

さらに、生徒は、グラフの形状から、仮説を検証し、電圧と電流は比例関係となることや、抵抗と電流は反比例の関係であることを立証した。

また、平均と比較することで、結果の値が他のグループよりも小さ

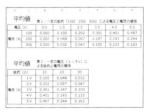

平均値　表1：一定の抵抗（10Ω, 20Ω, 30Ω）による電圧と電流の関係						
電圧 (V)	0	1.0	2.0	3.0	4.0	5.0
電流 (A) 10Ω	0.000	0.100	0.202	0.301	0.401	0.497
20Ω	0.000	0.049	0.097	0.147	0.193	0.244
30Ω	0.000	0.032	0.067	0.100	0.133	0.163

平均値　表2：一定の電圧（1〜5V）による抵抗と電流の関係			
抵抗 (Ω)	10	20	30
電流 (A) 1V	0.100	0.049	0.032
2V	0.202	0.097	0.067
3V	0.301	0.147	0.100
4V	0.401	0.193	0.133
5V	0.497	0.244	0.163

スプレッドシートを用いて整理した表

くなったことについて、装置に使っている導線の錆びに着目し、予想通りの結果にならない要因についても考察する姿が見られた。

生徒の思考に合わせて機能を使い分ける

今回の学習は、実験結果を基に関係性を見いだすことが授業のねらいである。そのため、グラフ化の作業はあえて授業支援クラウドを用いることによって、効率化を図ることに加え、グラフの形状の判断を生徒ができるようにした。一方で、1年時の蒸留のように、温度変化と取り出される粒子の濃度などを関連付けて考察する授業などでは、リアルタイムでグラフを作成することで、変化を可視化して考察につなげることもできる。このように、生徒の思考の目的に合わせて教員が使い分けられるように支援することが必要である。

ICTは知的さを引き出すために不可欠の道具である

島田英昭 ●信州大学教育学部・教授・次世代型学び研究開発センター長

現代の仕事は知的さの勝負になっています。その中で、子どもたちの学びの場をどのように設計するべきでしょうか。教育心理学の立場から、「コンピューターとともに学ぶ環境」の必要性について論じてみたいと思います。

❶ 知的さ勝負の社会とコンピュータ

日々の生活や仕事を振り返ってみてください。コンピュータ（パソコンやスマホ）をどの程度使っているでしょうか。ちょっとした調べもの、家族への連絡、スケジュール調整のメール等、コンピュータを使う場面は多いものです。もはや、生活や仕事にコンピュータを使わないことはないのではないでしょうか。そして、AI 等の技術発展で、生活や仕事におけるコンピュータへの依存は今後ますます増加するはずです。

現代の仕事は知的さの勝負という側面が強くなっています。過去には体力が生産性の源になっていた時代があります。走ることが得意であれば物資を早く届けられました。寝ずに働ければ単純作業を多くこなせました。しかし現代では、自動車や産業用ロボットがそれらの仕事をこなすようになりました。人間に必要なのはそれらを上手に動かすスキルです。もちろん体力が必要な場面は残り続けるでしょうが、知的さが生産性の源として相対的に重要になる傾向は続き、この傾向はますます強くなるだろうと私は予測しています。

このような未来の中で、子どもたちは生活し、仕事をしていかなければなりません。この未来予測の中で重要点は 2 つあります。

1 つは繰り返しになりますが、知的さが働く上で重要な要素になっていることです。もう 1 つは、コンピュータが知的さをサポートする強力な道具であるという事実です。すなわち、コンピュータを使いこなすことが仕事をする上での強みになり、知的生産性を上げ、よりよい生活を送るための条件になっているということです。

私は、このような社会の中で生き抜くための力を児童生徒につけさせることが、学校に期待される 1 つの役割であると考えています。

❷ コンピュータとともに学ぶ環境

スポーツを考えると、道具を使いこなすことが重要であることに気づきます。たとえば、練習で履いたことがない全く新しいシューズで本番に臨むということは通常はなく、シューズに慣れる必要があります。障害者スポーツはより道具への依存が大きく、たとえば義足の性能が結果に直結し、自身の義足を使いこなすための練習が必要になります。

スポーツにおけるシューズや義足は、生活や仕事におけるコンピュータに相当すると考えられます。すなわち、生活や仕事の知的生産性の向上に、知的道具であるコンピュータを使いこなすスキルが大きく寄与するのです。

私の専門分野である教育心理学の中でよく議論されるテーマとして、「学習観」があります。学習観とは学習に対する考え方を指します。1つの典型的な学習観は詰め込み主義であり、「学習とは情報を頭の中に格納することである」という考え方であると理解できます。

一方、最新の学習指導要領に含まれている「主体的・対話的で深い学び」の背景にあるのが、社会的構成主義の学習観です。簡単に言えば、「学習とは仲間や道具とともに自ら知識を構成することである」という考え方です。詰め込み主義と異なる特徴は大きく2つあります。1つは「仲間や道具とともに」という点です。知的さは身の回りの仲間や道具に依存するもので、仲間や道具が変われば学習すべき内容も異なるという主張です。もう1つは「自ら知識を構成する」という点です。自ら操作してみて、情報を発信して、議論をして、異なる意見を取り入れて、といった自律的な活動によりはじめて知識が獲得できるという主張です。

いずれの学習観が優れているのかという判断は難しいものです。詰め込み主義にも利点はあります。

知識の量が仕事の生産性の源になっていた時代もありますし、知識の量を測っている側面が大きいペーパーテストは、現代でも社会制度に組み込まれています。とは言え現代では、社会的構成主義の枠組みで学習観をとらえた方がより適応的でしょう。それは、知的さの発揮にコンピュータが重要な役割を果たし、それが知的さの勝負になっている現代の仕事の強みになるからです。

社会的構成主義の学習観でコンピュータをとらえると、「道具として利用できるようになること」が大きなポイントとなります。コンピュータは学習の対象ではなく学習の道具ですから、コンピュータの使い方そのものを学習するというよりも（一定は必要ではありますが）、コンピュータを授業等の中で道具として使うことが重要になります。したがって、いつでも授業で使える状態が望ましいのです。

端末を持ち帰って家庭学習や生活で使うことも、この考えに基づいています。また、使い方としては、児童生徒自身の試行錯誤を見守る必要があります。知識は構成されてはじめて「知識」と呼べるからです。

このように考えると、「主体的・対話的で深い学び」やコンピュータ授業導入、持ち帰り等を求められる理由が、社会的構成主義の学習観で整理されていることがわかります。

❸ 新しい道具に適応するスキル

さて、このようにコンピュータとともに学ぶ環境をつくったとしても、1つの疑問があります。コンピュータも進化するから、「現代のコンピュータ」に合わせて知識構成したら知識が陳腐化して困るのではないか、という疑問です。テクノロジーは進化しているし、テクノロジーの進化が速くなっているとも言われます。現代の我々から見たら何の道具なのかわからないものが未来に発明され、利用されている可能性は十分にありまする。50年前の一般の人々から見れば現代のスマホは「ただの小さめの板」です。

50年はずいぶん前のように思われるかもしれませんが、年金支給開始が70歳や75歳になると言われている中で考えれば、50年以上働くことが十分に現実的になっています。このような中で、コンピュータを使いこなすスキル以外に必要なスキルとして、学ぶ意欲と学び方が挙げられます。

学ぶ意欲は動機づけやモチベーションとも言われます。テクノロジーの進化と働く期間

の長期化を考えれば、現時点で知っていることを増やすよりも、未来の社会に適応できるスキルの重要性が増すでしょう。そうすることで、新しい時代の道具を上手に使う方法を常に学び続けられるのです。

　教育心理学では動機づけの研究が様々ありますが、中でも「自律的動機づけ」に関する理論が参考になります。その特徴として、人生の目標や学習の価値等から生じる動機づけを扱っている点が挙げられます。これは、学習対象そのものに対する興味を扱う「内発的動機づけ」とは区別されます。

　たとえば、教員として社会に役立ちたいという夢をもっているとすれば、教員になるために大学に行く必要があり、受験勉強に時間を割かなければならないから学習しよう、そして今の自分には○○が必要なので、今日は○○しよう、といった動機づけのもち方です。これは簡単にできることではなく、目標から適切な行動に落とし込むために合理的に推論する力が必要になります。このような「自分で自分の動機づけを高める手法」を教えることが学校に期待されていると考えられます。

　学び方は、教育心理学では自己調整学習やメタ認知という言葉に置き換えられます。たとえば、何かを覚えるときには、インプットに特化するよりも、自分で自分をテストするといったようにアウトプットの時間を適切に取り入れると効率がよいことが明らかにされています。学校教員が専門性としてもっている教科ごとの学び方のコツを伝えることは、内容を伝えるよりも重要なのかもしれません。テクノロジーの進化と働く期間の長期化により身の回りで学習しなければならないことが増加すると、新規な対象を効率よく学ぶことが、生活や仕事の強みとなります。一時点で多くの知識をもっているよりも、学び方を知っていることが有利になります。

❹ 終わりに

　ここでは教育心理学に関連する概念を紹介しましたが、詳細をお伝えすることはできませんでした。ぜひ、社会的構成主義、自律的動機づけ、自己調整学習等の用語で、パソコンやスマホとインターネット検索によりさまざまな情報をご覧ください。そうすることで、ICT が知的さを引き出すために不可欠の道具であることが実感できるのではないかと考えています。

中学校のクラウド活用2

「即時共有」「共同編集」のよさを活かした授業づくり

　今までの一斉指導の中に ICT を取り入れることで生まれるよさの一例として、「即時共有」「共同編集」が挙げられます。これまでの一斉指導の中でももちろん行われてきていることですが、ICT を活用することで、準備に時間をかけなくても今まで以上に容易にこうした活動を行うことが可能になりました。

　本章では中学校での教科等の取り組みを 8 例掲載しています。私たちはこれまでもよりよい実践を目指して日々授業改善に取り組んできました。そこに ICT が加わることで、授業の様子がどのように変容してきているのか、目的ではなく、生徒の関心を高めたり、広げたり深めたりするための手段として ICT 利用をする。そうした取り組みの一端を本章の中で感じていただけたら幸いです。

笠原大弘 ●信州大学大学院教育学研究科・実務家教員

実践者：松尾 悠（実習生）
記録者：附属松本中学校 畑 瑛美

実習実践

Google Jamboardの活用で各自の感想や疑問を学級全体の問いへ

生徒が初読で抱いた感想や疑問をJamboardに記入した。それぞれが注目した観点ごとに付箋の色を使い分け、どこに注目しているのかについても視覚的にとらえられるようにした。感想や疑問を全体で共有する中で、クラスとしてこの学習で追究すべき問いを決め出した。

◆感想や疑問を Jamboard で共有

中学2年国語科「言葉の力」では、クラス全員の追究課題を決め出す際に Jamboard を活用した。それぞれがどの段落を追究したいと考えているのかを教員も生徒も把握できるように、観点ごとに記入する付箋の色を変えることで視覚的にも分かるように工夫した。

◆互いの取り組みも随時共有

追究の場面では、引用元となる著書を、内容のまとまりごとに分けた学習カードを Google スライドで作成し、共有した。互いの読解や考え方の違いを共有し読み比べる中で、「言葉の力とは何か」という追究課題を解決することができた。

生徒Bは追究を進めていく中で「友だちと交流する中で言葉そのものの意味ももちろん大切だが、誰がその言葉を発するのかでもその言葉を受け取る側の印象が大きく異なることに気づくことができた」と振り返りを書いた。

感想や疑問を Jamboard に記入

◆印刷不要で楽々準備

今までも個々の疑問や問いからクラス全体で追究すべき問いを決め出すような実践は行ってきたが、その際は、生徒が提出したものを人数分印刷して配付したり、黒板に掲示したりしていた。

しかし、今回はその分の準備にかかる時間を大幅に短縮することが可能となり、その分個別に支援が必要な生徒に対する重点的な関わりに力を入れることができた。

スライドで楽々意見共有

Jamboard、スライドで意見共有

本授業は、個々の意見を、Jamboard やスライドを活用することで全体で共有した。
①観点ごとの色分けを指示して、Jamboard に感想や疑問を記入させる。
②観点ごとにスライドを活用した学習カードを作成する。
③生徒が記入している学習カードを全体で共有する。
　本授業を実践するためには、上記3つを行う ICT スキルが必要であった。

実践者：附属松本中学校 伊藤雄太
記録者：附属松本中学校 伊藤雄太

示範実践

共同編集で合意形成を図りながら Google スライド作成

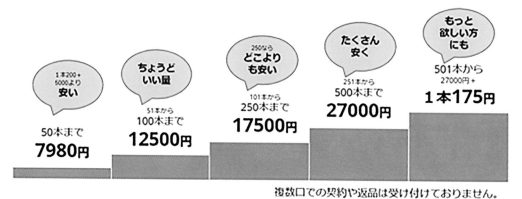

中学２年数学科　一次関数の利用

異なる価格設定でうちわを販売する３社（A社、B社、C社）のうちわの販売価格表を全体で共有した。３社はそれぞれ購入する本数に応じて価格が変動するようになっており、購入する本数によってお得に購入できる会社が変わっていく。そこで、各グループでD社を組織し、「どの会社よりも安く、しかしできるだけ利益も上げる」というコンセプトで、スライドの共同編集機能を活用し、各グループで料金を設定し、最後に全体にプレゼンを行った。

◆共同編集機能により、合意形成と作業の同時進行が可能に

　中学2年数学科で学習する一次関数の利用「お得な料金でうちわを売り出そう」では、架空のうちわ販売会社3社の「どの会社よりも安く、しかしできるだけ利益も上げる」というコンセプトを全体で確認した後、各班で独自の料金設定を検討した。

　スライドの共同編集機能を活用することにより、各自の画面上で誰がどんな作業を行っているかが随時確認できるため、画面の様子を見ながら、役割を分担してスライドの作成に取りかかる生徒の姿が見られた。

共同編集で随時情報共有が可能に

◆表やグラフも協力して作成

　今回の授業では、単元の最後に自分たちの考えた料金プランを他社に向けてプレゼンする場面を設定した。より説得力のある説明をするためにFさんは「グラフがあった方がより分かりやすく説明ができる」と同じグループの仲間に提案した。それ以外のグループでも図や表、グラフを活用して説明する姿が見られた。

　同時編集機能がない場合、作業は1人の生徒しか行うことができないが、同時編集が可能なため、互いに協力しながらつくり上げていく姿が見られた。

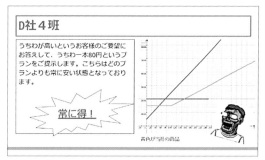

共同編集で作成したスライド

中学校のクラウド活用2

 ## 同時編集でスライドを作成

　本授業は共同編集機能を活用して、各グループでプレゼン用のスライドを作成した。
①事前に各グループのスライドを作成し、Google Classroom で生徒と共有する。
②共同編集が行えるように設定をし、各グループでスライドを作成させる。
③生徒は共同編集の機能を理解し、他者に迷惑をかけないように作業を進める。
　本授業を実践するためには、上記3つを行う ICT スキルが必要であった。

実習実践

実践者：横田聡夏（実習生）
記録者：附属松本中学校 鷹野 巽

Google スプレッドシートで 即時意見共有

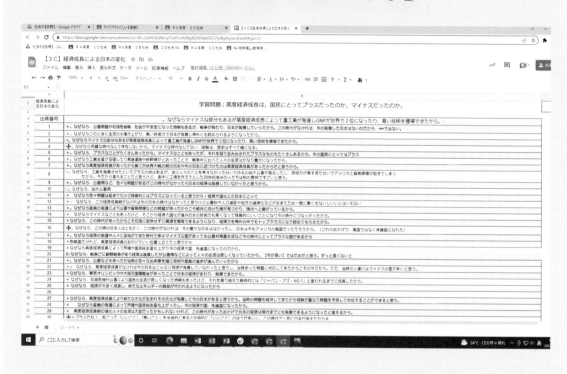

中学3年社会科「経済成長による日本の変化」

高度経済成長は当時の日本の国民にとってプラスだったのかマイナスだった
のかを考える授業を行った。それぞれが自分の立場を明らかにして、教科書
や資料集、Webサイトなどから自分の考えの根拠となる資料を探して考えを
まとめていった。授業の終末ではそれぞれの考えをスプレッドシートで共有
した。クラス全員の考えが即時に共有できるので、クラスとしての傾向を探
したり、自分の考えとの共通点や相違点を探したりする姿が見られた。

◆1人1台端末で資料探しも手軽に

中学3年社会科「経済成長による日本の変化」の授業では、高度経済成長は日本国民にとってプラスだったのかマイナスだったのかを多面的・多角的に考察していく授業を構想した。

生徒は様々な立場からいくつかの異なる側面について検証し、自分の考えの根拠となる資料を教科書や資料集・ホームページなどからそれぞれが探し、自分の考えをまとめていった。

教員はそれぞれの生徒がどの様な視点で何を根拠に自分の考えを書いているのか自覚することができるように、机間指導の中で各自の考えの根拠について尋ねたり、その資料が本当に根拠となりえるのか問い返したりしながら各自の考えが深まるように支援を行った。

◆クラスの傾向や考えの違いも把握

授業の終末の場面では、本時の課題に対してのそれぞれの考えをスプレッドシートに記入して全体で共有した。スプレッドシートを活用することによって、クラス全員の考えが1ページでまとまって表示されるため、教員にとっても生徒にとってもクラス全体の傾向を把握したり、それぞれの考えの違いを把握したりすることができた。

従来の授業ではクラスの中の数人が意見を発表してそれを黒板に板書するというスタイルの授業が多かったが、スプレッドシートを活用することで、クラス全員の考えを活かした授業展開が可能となった。

各自の考えの根拠を探す

根拠について問い返す

 クラス全員の考えを活かせる授業展開

本授業はスプレッドシートを活用して、各自の考えを共有した。

①事前にスプレッドシートを作成し、Google Classroom で生徒と共有する。

②生徒は共同編集機能で一斉に自分の考えを記入していく。

③生徒が書き込んだスプレッドシートをクラス全体で共有する。

本授業を実践するためには、上記3つを行う ICT スキルが必要であった。

実践者：堀内蓮太郎（実習生）
記録者：附属松本中学校 宮坂浩司

Google フォームで
楽々相互評価

中学２年英語科 Unit 2 Unit Activity "Let's recommend a good place"
自分が今までに訪れたことのある場所からクラスでおすすめしたい場所につい
て Google スライドにまとめた。自分がおすすする理由が、より他者に伝わる
ようにするにはどうすればよいのか、それぞれが考えながらプレゼンを作成し
た。最後にグループ内でプレゼンテーションについて質疑応答を行い、その様
子について Google フォームを活用し、contents（内容）、delivery（伝え方）、
idea（スライドや発表の工夫）の３点について、生徒同士で相互評価を行った。

◆合意形成と作業の同時進行が可能に

中学2年英語科 Unit2 "Food Travels Around The World" Unit Activity "Let's recommend a good place" では、それぞれが今まで訪れたことのある場所の中からクラスで紹介したいと思う場所を定めて スライドを作成し、小グループごとに英語でプレゼンテーションを行った。

どのようにプレゼンをすればより魅力が伝わるのかについて、スライドを作成する段階から各自で工夫して取り組む姿が見られた。

この段階でも互いの取り組みを共有しているため、どのようにすればよいか行き詰ってしまった際には、他の生徒の取り組みを参考にしながら作業を進めていく姿が見られた。

小グループ内でプレゼンを行う

◆友だちからの評価を 即時フィードバック

今回の授業では、生徒同士が自分たちのプレゼンを評価する場面を位置付けた。

それぞれの発表を「contents（内容）」「delivery（伝え方）」「idea（スライドや発表の工夫）」の3点で評価するように事前に伝えた。そのため、スライドを作成する段階からこの3点を意識して取り組む姿が多く見られた。

フォームで評価を行ったため、他の生徒からの評価が各自の端末で即時に可視化されるため、その評価を非常にうれしそうな表情で見つめる生徒の姿が見られた。

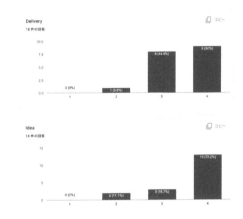

互いの評価が即時に可視化され表示される

実際に生徒が書き込んだフォームの様子

 ## フォームで即時フィードバック

本授業はフォームを活用して、各自の評価を発表者にフィードバックした。
①事前に各自のスライドを用意し、Google Classroom で生徒と共有する。
②プレゼンの評価項目を決め出し、フォームを作成する。
③他の生徒のプレゼンを聞きながら同時進行で評価をフォームに記入させる。
　本授業を実践するためには、上記3つを行う ICT スキルが必要であった。

示範実践

実践者：附属松本中学校 森 康博
記録者：附属松本中学校 森 康博

共同編集でグループの考えをまとめていく

中学２年保健体育科（保健分野）「薬物乱用の害と健康」

覚せい剤や大麻などの薬物を乱用することで、心身にどのような影響があるのかを考える場面で、Google スライドの共同編集機能を活用した。共同編集機能を活用することにより、各自が様々な資料から調べた成果をグループ内で共有しスライドにまとめることができた。共同編集をすることで、意見交流の必要感が生まれ、自分にはない考えにも触れることができ、考えの広がりにつながった。

◆共同編集機能により、意見交換の必要感が高まる

　中学２年保健体育科（保健分野）「薬物乱用の害と健康」では、覚せい剤や大麻などの薬物を乱用することで、心身にどのような影響があるのかを考える場面で、スライドの共同編集機能を活用した。

　各グループで協力してスライドを完成させていくのだが、共同編集機能を活用することにより、互いがどのような資料を持ち込んできているのかがそれぞれの端末の画面で確認できる。そのため、「日本では使用が禁止されている薬物であっても、海外では使用を認めている国もある。国によってどうして対応に違いがあるのだろう」「使用を認めている国もある中でどうして日本は使用を禁止にしているのだろう」等、自分が調べていない資料をもとにして活発に話し合うことができた。

端末の画面を見ながら話し合う

◆共同編集機能に対する使い慣れも大切

　今回共同編集機能を活用する中で、思いがけず他の生徒の作業を消してしまう場面なども見られるなど、扱いにやや苦労している生徒も見られた。逆に普段からこのような作業に触れている生徒は課題に対して主体的に取り組み、他の生徒とも活発に意見交換を行い、課題に対して深く考え追究することができていた。

　こうした取り組みを普段から色々な教科で実施していくことも、大切であることが見えてきた。

クラス全体に対してもプレゼンを行った

同時編集でスライドを作成

　本授業は共同編集機能を活用して、各グループでプレゼン用のスライドを作成した。
①事前に各グループのスライドを作成し、Google Classroom で生徒と共有する。
②共同編集が行えるように設定をし、各グループでスライドを作成させる。
③生徒は共同編集の機能を理解し、他者に迷惑をかけないように作業を進める。
　本授業を実践するためには、上記３つを行う ICT スキルが必要であった。

実習実践

実践者：川嶋丈陽（実習生）
記録者：附属松本中学校 森住朋之

Google Jamboard で 教員の思いを共有

中学１年技術・家庭科（技術分野）材料と加工の技術

各自が学校生活の中で使用しているロッカーをより便利で使いやすい
ものにしていくために、ロッカーの中に整理棚を自作することにした。
組み立ての場面で、自分の使用目的に応じた最適な接合方法について、
Jamboard で考えを共有する授業を行った。いくつかの接合方法について、
それぞれの長所と短所を共有し、最適な接合方法を決め出した。

◆共同編集機能により、意見交換の必要感が高まる

中学1年技術・家庭科（技術分野）材料と加工の技術「ロッカーをカスタム DIY」では、日常生活の中で毎日使用しているロッカーをより便利で使いやすいものにしていくために、ロッカーの中に整理棚を自作することにした。

それぞれの目的に応じて形や大きさを設計した生徒は、設計図をかいて、必要な大きさで木材を切り出した。

必要な木材が揃ったところで、この木材を何で接合するのかという問題で立ち止まった。そこで、教員は生徒が予想するであろう釘、ビス、ガムテープ、ボンド、組み接ぎ等の接合方法について、それぞれの長所と短所を Jamboard に書き込み、全体で共有した。Jamboard を見ながらそれぞれのどの接合方法を選択すればよさそうかグループで話し合っていく中で、安全性や強度、効率、コスト、環境への配慮等といった見方・考え方を働かせて最適な接合方法は何かを決めることができた。

Jamboard で
長所と短所を共有

◆印刷不要、交流で深まる考え

本実践では、Jamboard でそれぞれの接合方法の長所や短所を共有した。

従来は、学習カードとして一覧にまとめて人数分印刷し配布していたが、ICT の活用により印刷と配布が不要になり、授業の準備にかかる時間も格段に短縮された。

生徒たちの意見共有も素早く手軽に行えた。生徒 M は他の生徒の意見を聞きながら、「最初はボンドで接着し、さらに釘で接合した方が丈夫なのではないかと考えていたが、学年が上がるときには中から取り出す必要があるという意見や、あまりしっかり接合してしまうとやり直しがきかないという意見を聞いて、やはりビスが便利なのではないかと思った」と接合方法に対する考えを新たにしていた。

多くの生徒がビスを選んだ

Jamboard で即時共有

本授業は Jamboard を活用して、教員の考えるメリット・デメリットを共有した。

①事前に生徒が考えそうな接合方法のメリット・デメリットについて Jamboard にまとめて、Google Classroom で生徒と共有する。

②接合方法による違いやメリット・デメリットを視覚的にも分かりやすくするため、付箋を色分けしながら作成する。

本授業を実践するためには、上記2つを行う ICT スキルが必要であった。

示範実践

実践者：附属松本中学校 市川この美
記録者：附属松本中学校 市川この美

家庭での調理実習の様子を Google フォームで提出

中学2年技術・家庭科（家庭分野）食生活領域

コロナ禍により学校での調理実習が困難ため、家庭での取り組みとした。

学校で立てた調理計画に基づいて作った「お弁当」の写真や実際の調理

時間等はフォームで提出させた。

◆家庭で調理実習

中学２年技術・家庭科（家庭分野）食領域説明文「『何となく食べるお弁当』から『考えて食べるお弁当』へ」では、コロナ禍により学校での実践が難しくなっている調理実習を各家庭で実践。それぞれが家庭でどのように取り組んだのかを教員が把握できるように、各自が実際に作ったお弁当の写真や調理時間、作ってみての反省や感想等をフォームで集約した。

◆互いの取り組みを共有

生徒がフォームに提出したお弁当の写真はGoogle スライドに貼り付けて全体でも共有し、Google スプレッドシートで調理時間や反省や感想も全体に共有した。

家庭での取り組みをフォームで提出

生徒は互いの写真や調理時間、反省や感想等を読みながら、気になることを質問する等自然発生的に対話が生じていった。

◆印刷不要、交流で深まる考え

本実践では、スライドやスプレッドシートでそれぞれの取り組みを共有した。従来は、それぞれが提出したものを人数分印刷し配布していたが、ICT の活用によりで印刷と配布が不要になり、授業の準備にかかる時間も格段に短縮された。

生徒たちの意見共有も素早く手軽に行えた。生徒Ａは他の生徒の取り組みやアドバイスを参考に、「部活で必要な筋力をつけるために、もっとタンパク質を多く摂ることのできるお弁当にしたい」と２回目のお弁当作りに向けての願いを新たにする等、各自作ったお弁当の内容が違うからこそ、交流の必要感や他の生徒と学ぶ意義も感じることができた。

スライドで楽々意見共有

フォームで取り組みを集約

本授業は家庭での取り組みの様子をフォームで集約し、資料として授業の中でも活用した。
①事前にこちらで把握したい内容を決め、フォームを作成する。
②各自が家庭で作成したお弁当の画像データをスライドで提出させる。
③生徒が提出したスライドのデータやフォームの回答をスプレッドシートにまとめたものを Google Classroom で生徒と共有する。
本授業を実践するためには、上記３つを行う ICT スキルが必要であった。

示範実践

実践者：附属松本中学校 湯本 哲
記録者：附属松本中学校 湯本 哲

多様な考えを Google Jamboard で 整理・分析

中学２年総合的な学習の時間「SDGｓで活性化！ 井戸水憩いの場プロジェクト！」

地元の湧水「鯛萬の井戸」に注目をした生徒は、何度か現地に足を運ぶ中で、井戸の保全活動をしているＯさんに出会った。活動に切実感をもった生徒が、どうすればより多くの人に愛される憩いの場所になるのかを考える場面で、多様な考えをJamboardで整理・分析することで、問題をより多面的・多角的に考えることを目指した。

◆Jamboardで各自の考えを整理・分析

中学2年総合的な学習の時間「SDGsで活性化！井戸水憩いの場プロジェクト！」では、松本市にある「鯛萬の井戸」をもっと多くの人が集まる憩いの場にすることを目指して活動している。

そもそも松本市は周囲を山々に囲まれ、非常に豊富な地下水に恵まれる地域である。平成20年（2008年）には『平成の水百選』に「まつもと城下町湧水群」として認定されるなど、市内の各所に井戸が見られる。そんな数ある井戸の中から「鯛萬の井戸」に注目した生徒は、何度か現地に足を運んで調査を進める中で、井戸水を保全するために活動をされているOさんと出会った。

どのような思いで活動をしているのかOさんからお聞きした生徒は、今まで以上に活動に切実感をもち、「鯛萬の井戸」を憩いの場にしたいと考えるようになった。

本実践では、クラスで各自が感じた「鯛萬の井戸」の魅力や課題を多面的・多角的に考える

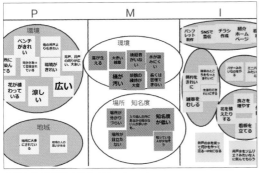
実際に生徒が書き込んだJamboard

ことができるようにJamboardを活用した。まずは、現地調査から感じたことを「魅力（P：plus）」「課題（M：minus）」「面白そうなこと（I：interest）」の3つに分類し、付箋の色も使い分けながら各グループでグルーピングを行った。

各グループでグルーピングを行うと、それぞれの考えに共通点があることに気づく生徒ができはじめた。そこで、グループごとに見えてきた共通点を全体で共有することで、全体としての共通性も見えてきた。

◆全員で共有するからこそ見えてくる新たな課題

全体の共通点について話し合う中で、次第に

多角的な視点で考えた課題

「PRすることは、多くの人に訪れる機会が増え、よいことだが、地域の人にとっては想像以上の人が来ると、迷惑になるのでは？」と多角的な視点で、課題をとらえる発言が聞かれるようになってきた。

そこで、授業の終盤では、自分たちが活動を進めていく中で、どのようなことが今後課題となりそうなのかをJamboardで共有した。各自の考えが即時に可視化されるため、新たな視点の獲得には非常に有効であることが示唆された。

 ## Jamboardで即時共有・共同編集で整理

本授業はJamboardを活用して、各自の考えをグループで整理し全体で共有した。
①事前にJamboardを作成し、Google Classroomで生徒と共有する。
②付箋を色分けしながら共同編集でグループ毎に考えを整理していく。
　本授業を実践するためには、上記2つを行うICTスキルが必要であった。

高度専門職業人を育成するために

谷塚光典 ●信州大学大学院教育学研究科・准教授

信州大学教職大学院では、学部段階で身につけた ICT 活用指導力をさらに伸ばすために、選択科目「学校における ICT 活用」を履修したり、ICT 活用に関する実践研究に取り組んだりすることによって、学校における ICT 活用を推進できる高度専門職業人を輩出しています。

❶ ICT 活用実践と教職大学院

中央教育審議会答申「「令和の日本型学校教育」を担う教師の養成・採用・研修等の在り方について～「新たな教師の学びの姿」の実現と、多様な専門性を有する質の高い教職員集団の形成～」（2022 年 12 月 17 日）では、教師に共通的に求められる資質能力が「ICTや情報・教育データの利活用」を含む 5 項目に再整理されたことを踏まえて、理論と実践の往還を重視した教職課程へ転換することを求めています。また、この答申では、学部と教職大学院の有機的な連携・接続の強化・実質化の推進も提起されています。

信州大学大学院教育学研究科高度教職実践専攻（以下、「本専攻」）では、学部段階で身につけてきた ICT 活用指導力をさらに伸ばすために、選択科目として「学校における ICT活用」を開講したり、ICT 活用に関する実践研究を研究課題にしたりしています。

本専攻は、2016 年度に入学定員 20 名で設置されました。キャリアの違いによる次の2 コースが設定されています。

◎**教職基盤形成コース**
　児童生徒に関する基礎的知識や技能の確実な修得に加えて、思考力・判断力・表現力等を育成する学びをデザインできる実践

的指導力や、社会の変化に伴う新たな課題に柔軟に対応できる広い視野をもった高度専門職業人としての力を持った人材を目指す。

◎**高度教職開発コース**
　上記の教職基盤形成コースで目指す資質・能力に加え、学校現場でリーダーとして問題の解決を図る、いわゆるスクールリーダーとしての資質・能力を持った人材を目指す。

2020 年度改組では、修士課程学校教育専攻が廃止されて、本専攻の入学定員が 30 名になり、研究課題に対応した次の 3 つの履修プログラム制が導入されました。

◎**教育課題探究プログラム**
　教科指導の枠を越えた様々な学校課題に主体的に向き合い、多様な立場の人との連携を深めて問題解決に貢献できる教員の養成を目的としている。地域事情に応じた教育課程づくり、学級経営や生活指導・進路指導など様々な教育課題において、子どもの側の論理に即したマネジメントを実践できる人材を目指す。

◎**教科授業力高度化プログラム**
　教科の基盤となる関連学問をもとに、教科の専門性と教育実践とを結びつけ、高度な教科授業力を持った教員の養成を目的としている。校内研究の中心となるとともに地域の研究会等でも活躍し、地域の教育研究全体の底上げに寄与できる人材を目指す。

◎**特別支援教育高度化プログラム**

　特別支援教育の各障害領域等における専門性をより深めることで、特別支援教育における高度な指導力を持った教員の養成を目的としている。特別支援学校におけるリーダー的役割を果たすとともに、通常学級における支援体制も構築、運営し、それら体制の中核となる。

❷ 授業「学校における ICT 活用」

　教職大学院のカリキュラムは、共通的に開設すべき授業科目の領域として次の5領域が設定されています。

◎教育課程の編成・実施に関する領域
◎教科等の実践的な指導方法に関する領域
◎生徒指導、教育相談に関する領域
◎学級経営、学校経営に関する領域
◎学校教育と教員の在り方に関する領域

　本専攻の教育課程の構造を図1に示しています。必修科目である指定5領域6科目と5

領域横断の「チーム演習」及び学校実習科目である「教育実践実地研究」に加えて、履修プログラムに応じた選択科目を履修します。

　本専攻設置当初から開設されている選択科目「学校における ICT 活用」（通年・1単位）は、「教育課題探究プログラム」の選択科目に位置づけられています。

　2022年度「学校における ICT 活用」のシラバスでは、「授業の概要」として次のように設定しています。

　本授業は、授業参観とその検討及び授業実践とその検討により、小グループで展開する。
　授業参観においては、教職大学院拠点校（附属学校または公立学校）における ICT 活用授業を参観する。参観した授業の検討では、① ICT 活用授業の設計、② ICT 活用の効果、③ ICT 活用による個々の児童・生徒の変容および学習集団としての学級の変容、の3視点から検討する。
　授業実践においては、大学での講義及び授業参観に基づいて、ICT を活用した授業を構想

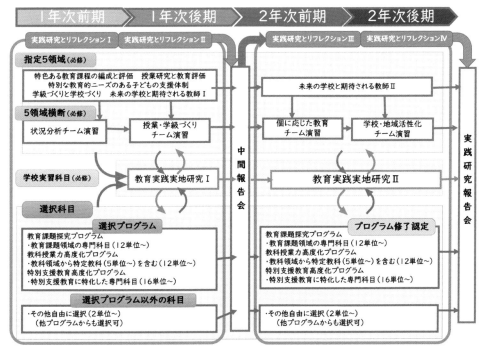

図1　信州大学教職大学院の教育課程の構造

し、ICT を活用した個別学習及び協働学習の場面を設定した授業実践を行う。授業実践の検討では、授業参観の検討と同様に、① ICT 活用授業の設計、② ICT 活用の効果、③ ICT 活用による個々の児童・生徒の変容および学習集団としての学級の変容、の 3 視点から検討する。

❸ ICT 活用に関する実践研究

2016 年度の本専攻設置以降、これまでの修了生は、ICT 活用に関する実践研究として、次のような研究課題に取り組んでいます。

（1）学部卒院生を中心とする「教職基盤形成コース」修了生の研究課題例

◎小学校プログラミング教育における教師の授業観の変容過程の考察

［概要］初めてプログラミング教育の授業実践をする教師の意識を記録し、変容を分析することで、プログラミング教育の授業づくりに寄与する知見を得た。

◎ 1 人 1 台端末の活用に向けた教員研修モデルの開発と実践

［概要］クラウドを活用する具体的なイメージをもって、活用頻度の低い教師が授業で 1 人 1 台端末の活用に積極的になるための研修モデルとはどのようなものかを明らかにした。

◎「伝統的な言語文化」の学習における VR 教材の活用可能性―「扇の的」の授業実践を通して―

［概要］「伝統的な言語文化」の主体的な学習における VR 教材の有用性を明らかにするために、学習者が制作者となれる VR 教材を作成し、VR 教材の改善案を考える授業を行った。

（2）現職教員院生を中心とする「高度教職開発コース」修了生の研究課題例

◎タブレット PC 活用授業実践を通した校内における ICT 活用の広がり

［概要］校内における ICT 活用の推進に向けて、タブレット PC を活用した協働的な授業を実践し、その効果を明らかにすることと合わせて、実践授業を窓口としてのさまざまな教科・領域における ICT 活用の広がりを促すための方策を提案した。

◎相互評価や関わりに対するよさを実感できる授業づくり：e 評価システムの開発と中学校技術科の実践を手がかりに

［概要］e 評価システムの開発と実践を手がかりに、生徒が相互評価や関わり合うことのよさを実感できる（生徒が自らの評価観を変容させる）授業づくりを行った。

◎ ICT 活用の促進による教師と生徒の変容

［概要］学校教育活動全般における ICT 活用実践を整理し、学校における ICT 活用が、教師の授業改善、そして生徒の主体的な学びの具現にどう寄与するかを、教師と生徒の変容から明らかにした。

この他の実践研究については、信州大学機関リポジトリで、「信州大学大学院教育学研究科高度教職実践専攻（教職大学院）実践研究報告書抄録集」として公開されています。

このように、信州大学では、学部段階の臨床経験科目で身につけた ICT 活用指導力をさらに伸ばすために、教育実践を重ねて実践と省察（リフレクション）の往還による自己更新性を示す教職大学院で学修できる環境を提供して、学校と家庭・地域社会の創造的な再構築の担い手として次世代の人材を育成する資質と能力を備えた教員の養成をしています。

〈参考文献〉
中央教育審議会（2022）「令和の日本型学校教育」を担う教師の養成・採用・研修等の在り方について～「新たな教師の学びの姿」の実現と、多様な専門性を有する質の高い教職員集団の形成～（答申）．https://www.mext.go.jp/b_menu/shingi/chukyo/chukyo3/079/sonota/1412985_00004.htm

児童生徒の内面を引き出す活用

　知的障害のある児童生徒1人ひとりの実態は様々ですが、一般的に、視覚から入る情報の方が理解しやすいと言われています。聴覚的な情報に加えて、視覚的な情報として、Googleドキュメントや Google スライドで写真やイラスト、文字を使って活動の流れを提示したり、制作物の色の組み合わせ方について Google スプレッドシート上で操作しながら伝えたりすることで、児童生徒の「わかる」を促し、さらには「やりたい」という気持ちを高めることにつながります。

　また、文字を書くことに苦手さのある児童生徒も、キーボード入力やフリック入力を使うことで抵抗感を軽減することができ、困難さを補うツールとして活用することで、児童生徒の「できる」につながり、自己肯定感の高まりも期待できます。

　児童生徒が見通しをもつこと、操作方法を習得することはもちろん大切ですが、その先に児童生徒の願いやアイディア、表現など、内面にある思いを引き出す活用ができるかということが大切です。

原 洋平　●信州大学大学院教育学研究科・実務家教員

実践者：高木麻衣（実習生）
記録者：特別支援学校 小沼沙江

実習実践

児童の意欲や期待感を高める視覚支援

生活単元学習「おかしのくにであそぼう」の導入場面においてGoogle スライドを活用した。

「おかしのくに」で遊ぶ児童の姿から、児童1人ひとりの考えていることを推察し、さらに楽しんで遊ぶことができるような新たな遊具や遊び方を視覚的に提示した。その結果、児童は新たな遊具や遊び方を具体的にイメージするとともに、本時の目的を明確にして、期待感を高めながら遊び場へ向かう姿につながった。

◆こんな遊具で遊んだよ！

　授業の導入場面で、「おかしのくに」の王様（実習生）が、児童1人ひとりに向けて、遊んでいる様子（前時）を写真で示し、どんな遊びをしていてどんなよさがあったかについて伝えた。児童は、自分の写真が映し出されると、画面に近付いて注視したり、「カップケーキにのったよ」と王様（実習生）に伝えたりした。

回転遊具の遊び方を伝えるスライド

前時の遊びを児童と一緒に振り返る場面

◆新たな遊び方発見!!

　実習生は、前時に「カップケーキ」（回転遊具）で繰り返し遊んでいた児童の姿をとらえた。本時の遊びがさらに楽しいものになるように、前時よりも「速く回転する」ことを、スライドのアニメーション機能を使用して伝えた。児童は、前時の振り返りと王様（実習生）からの新たな遊びの要素の提案を通して、本時への期待感が高まった。

◆新しい遊び楽しい！もっとやりたい！

　導入スライドで新たな遊び方にイメージをもった児童は、実際の遊具を見つけると、一目散に向かい、「速く回して」「もっと速く」などと伝えながら繰り返し遊んだ。前時は、回転の楽しさを味わっていた児童が、新たな遊び方を知ることを通して、回転のスピードに変化を加えながら遊ぶ楽しさを知り、遊びのバリエーションが広がった。さらに、周囲で他の遊びをしていた児童が、「○○さんの遊び楽しそう」と感じ、遊びに参加するという姿も見られ、他の児童の遊びの広がりにもつながった。

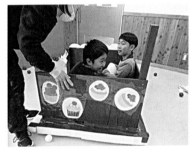
回転遊具で遊ぶ児童

💡 「わかる」「やりたい」につながる示し方を工夫しよう

　知的障害のある児童に対して、前時の活動の様子や新しい遊具の遊び方を説明する際には、言葉だけでなく写真やイラストなどを使い、視覚的な情報を示すことが有効である。1人ひとりの実態に合わせ、写真やイラスト、文字などを選定して示すことで児童の理解を促すことにつながる。さらには、アニメーション機能や効果音等も活用し、児童の「やりたい」という思いを引き出すことも大切である。

示範実践

実践者：附属特別支援学校 山田 涼
記録者：附属特別支援学校 山田 涼

児童の表現を支える Google スライドの活用

６ねん２くみの　みなさん おはようございます

交流学級の朝の会にオンラインで参加し、学校で取り組んでいることや学習したことをお互いに紹介し合った。スライドにあるイラストや写真、文字を見ながら発表することで、自信をもって大きな声で伝えたり、ジェスチャーを交えながらがんばったことを表現したりする姿につながった。

◆発表内容を示したスライドの作成

　がんばったことや楽しかったことを交流学級の児童たちに伝えたいと願う児童が、自信をもって発表ができるように、交流会に向けて、写真やイラスト、台詞といった内容を確認できるようなスライドを作成した。

　まず、児童と一緒に写真を見ながらがんばったことや楽しかったことを振り返り、紹介したい活動の写真を選んだ。教員はそれらの写真やイラストをスライドに貼り付け、写真やイラストには児童が日常の中で使う言葉を、平仮名10文字程度で添えた。

　最後にできたスライドを児童と一緒に見て、発表内容を確認した。

　児童は、スライドにある写真やイラストを指さしながら発表内容を確認し、平仮名を1文字ずつ読んで発表の練習を行い、「こうりゅう、あした」と教員に伝えながら発表への意欲を示した。

活動を写真と文字で示したスライド

◆自分の言葉で　自分の操作で

　交流会当日は、自分でスライドを操作しながら、がんばったことや楽しかったことを画面越しに発表した。スライドにある写真やイラスト、平仮名を確認し、不明瞭ながらも一生懸命発声しようとする姿が見られた。スライドを共有することで交流学級の児童にも発表していることが伝わりやすくなり、画面越しに聞こえる交流学級の児童たちからの、「いいな」「すごいな」という声を聞き、伝わっていることを実感し、言葉だけでなくジェスチャーを交えながら発表する姿が見られた。

　児童は発表後に自分で拍手をしたり、隣にいた教師とハイタッチしたりして、上手にできた喜びを表現していた。

自分で操作しながら発表する児童

特別支援学校のクラウド活用

💡 児童自身が「分かるスライド」の作成

　スライドをつくる時は、写真やイラスト、言葉が本児にとってなじみのある分かりやすいものを選択することが大切である。写真やイラスト、文字など、発表を支える手立てがあることで、自信をもって、豊かに表現する姿につながる。児童がもっている表現力を引き出すようなICT活用を意識したい。

示範実践
実習実践

実践者：附属特別支援学校 上野 大・
　　　　矢澤 藍（実習生）
記録者：附属特別支援学校 上野 大

「先生の話」における Google スライド活用

生活単元学習「あさひの冬祭りを開いて、みんなで楽しもう」の単元終末に行う、「あさひの冬祭り」の流れを朝の会で生徒に説明するときに、スライドを活用した。スライドには言葉に沿ったイラストや写真を含め、知的障害のある生徒に祭りの内容が分かりやすく伝わるようにした。多様な実態の生徒が、「分かる」ことにつながるように、身近な写真やイラストを取り入れたスライドの作成を心がけた。

◆ゲームの完成イメージを共有する

　これまでは個々でゲームの道具や景品を制作してきたが、スライドでそれぞれが合わさったゲームの完成形を示したことにより、各自の制作物が１つにまとまりゲームの完成が近づいてきていることを知ることができた。

「的当てゲーム」をスライドで視覚化

　生徒は、自分や他の生徒が制作したものが表示されると、「こんなゲームになるんだね」「もう少しで完成だね」とつぶやいたり、自分の制作物を指さしたりした。

ゲームの楽しみ方の変更をイラストで説明

　新型コロナウイルス感染症の感染拡大によって、ゲームの楽しみ方を変更することになった。

どのような変更をしたのかについて、イラストを用いながら端的な言葉で説明した。

◆実習生にとって、視覚支援のモデルになった

　教員の示範を受け、実習生もゲームの得点の付け方を説明する際に、的のイラストを活用したスライドを作成し、的に当たる度に得点が増えていくことを言葉とスライドの動きで示しながら話をするなど、生徒にとって理解しやすい話を心がけるようになった。

実習生も視覚支援を用いて話を展開

　朝の会以外の場面でも、「あさひの冬祭り」当日におけるゲームのルール説明について実習生が主体的に考え、スライドを活用して視覚的に示し、生徒と一緒にルール説明を行った。

ゲームのルールを視覚的に示す

💡 視覚支援を有効に活用しよう

　多様な実態をもった児童生徒が在籍している集団（基本的に特別支援学校はそうである）に何かを説明したり伝えたりするときに、聴覚的情報に視覚的情報を加えて伝えることが有効に働く。そのような児童生徒が説明や活動を理解するに当たっては、ICTを活用して、手順を写真で示す、イラスト入りのスライドで端的に示すといった支援が有効である。実態に合わせて、その子が理解できる写真やイラストを選ぶことがポイントとなる。

実践者：小牧 航輝・矢澤 藍（実習生）
記録者：附属特別支援学校 市岡祥一

実習実践

実感につながる Google スライド作成

中Bマニア！

ルーレットまとあてゲーム！

生活単元学習の単元終末に行われた「あさひの冬祭り」において、生徒が制作した的当てゲームに合わせて実習生がスライドでゲームに必要なスコアボードを作成した。スコアボードに背景や励ましの言葉を組み込み、ゲームの進行に合わせて操作をし、生徒が興味をもつように工夫した。

その結果、生徒は的当てをするときに、的に当たった実感があり、的を狙おうと夢中になる姿につながった。

◆的当てゲームを盛り上げる
　スライドの作成

「あさひの冬祭り」で生徒と一緒にどのようなことができそうかについて実習生同士で話し合うなかで、店番として得点を表示することで的当てゲームに参加できるのではないかと考えた。

生徒の投げた球が的に当たったときに、生徒自身が当たったことを実感できるよう、カウントアップしていく数字と称賛の言葉を表示できる得点スライドを作成した。

作成したゲームのオープニング場面

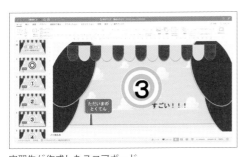

実習生が作成したスコアボード

スライドを作成するときには、実習中の生徒との関わりを思い返し、生徒の興味関心をふまえた背景やキャラクター、生徒が読みやすい数字や文字のフォント、アニメーション等を使用した。

◆ゲームに夢中になり、実感へ

実際のゲームでは、作成したスコアボードを操作し、実習生は店番として「あさひの冬祭り」に参加した。

実習生は、スライドを操作しながら、ゲームの開始とともに、「ようい、スタート」の声をかけ、的に当たるごとに、「当たったね、すごい」と伝えながら数字が1、2、3とカウントされるよう操作した。ゲーム終了時には、「合計で○点でした」と結果発表をする等、積極的に生徒とコミュニケーションをとった。

結果が視覚的に表示されたことにより、生徒

的に当てようと身を乗り出す生徒

も途中経過や合計点数がすぐに分かり、自分が的当てをして、的に当たる実感があり、もっと的に当てたいと次のゲームで的をねらう姿につながった。

また、実習が終わった後も、「もう一度やりたい」という声が生徒から聞かれ、スコアボードを共有し、今度は生徒が端末を操作するといった、生徒がICTを操作してゲームと操作両方を楽しむ姿も見られた。

💡 スライドを作成する際の留意点

児童生徒と情報を共有するためにスライドを作成する際には、ただ必要な情報を盛り込むのではなく、児童生徒の実態に応じた配慮が必要になってくる。たとえば、児童生徒が読める文字で書くこと（漢字、片仮名、平仮名の使い分け）、文節ごとに分けて書くこと、見やすい文字の大きさ、フォント、文字の色等が挙げられる。また、場合によってはイラストや写真で伝えることが大切になってくる。

示範実践

実践者：附属特別支援学校 丸山裕也
記録者：附属特別支援学校 丸山裕也

「大好きなものブック」を つくろう
成功体験につながる ICT 活用

車や温泉など、自分の好きなもの、事柄について調べて、「大好きなものブック」をつくりたいと願う生徒2人と、Googleスライドや画像検索機能を活用して、「大好きなものブック」のページをつくる活動を行った。車や温泉など、自分の好きなものの画像を検索する姿や、スライドに挿入したり、文字を入力したり、レイアウトを工夫したりしてまとめる姿につながった。

◆実態に即した操作方法の選定

Chromebook のディスプレイは、設定を行うことで、フリックやスワイプで操作できるものがあり、キーボードやマウスの操作に困難さがある生徒であっても、ディスプレイ上に映し出された画像を操作することは可能である場合が多い。

フリック操作の様子

画像の選択

生徒たちにとっても普段扱いなれているスマートフォンやタブレットなどと同様の操作のしやすさから活用の幅が広がっていくことが期待できる。

最初は教員がディスプレイを指差したり、お手本を見せたりしながら一緒に取り組んでいたが、操作方法がタブレットと同じであることが分かると、生徒は1人で取り組み始め、目的の画像のデーターを探すことができた。

操作が1人で十分にできるようになってくると、教員と一緒にキーボードを活用し、画像を保存する際のタイトルを編集するなどの操作にも取り組んだ。生徒の実態に合わせて、「生徒ができる操作」を増やすことは、成功体験につなげるために大切である。

◆スモールステップでの指導

画像を挿入する、レイアウトを加工するといったスライドの操作については、本人の発達段階やパソコン操作のスキルなど、本人の今、もてる力を教員が把握したうえで、スモールステップで指導をしていくことが大切である。今回は生徒たちが取り組みやすい「興味のあるもの」ということに焦点を当てて題材を設定した。今回の実践では教員がスライドの使い方を演示すると、タブの中から「文字の挿入」を選択し、車の車種を入力していた。取り組みの中で「（画像の）背景の色とかぶってしまって見えにくい。色を変えたい」と教員に相談する様子があり、文字の色を変える方法を伝えるとアイコンを参考にしながら、取り組んでいた。「この車の文字の色は〇〇色がいいな。車のフロントのところに文字を設定したいな」と車への興味と同じように、ICT 機器の活用に対しても興味をもって積極的に取り組んでいた。

興味をもって活動に取り組むことが成功体験

スライドの編集

につながり、次の活動へのステップにつながる。生徒の興味を教員が共有し、題材を考えていくことも意識していきたい。

💡「成功体験」を意識して活用方法を考えよう

ICT 機器は「with コロナ」の時代になって急速に教育現場に普及してきた。有効に活用していくためにも、題材を「子ども目線」で選定することや、操作方法を児童生徒のニーズに合わせる、音声入力等の機能を使う等、児童生徒の「成功体験」を意識して、その子に合わせてカスタマイズすることなど1人ひとりに合わせた ICT 機器の活用を考えて、活用方法を検討していきたい。

実践者：小出あづさ・望月康祐（実習生）
記録者：附属特別支援学校 森本高久

実習実践

思いを具体化する Google スプレッドシートの活用

生活単元学習「『あおぞらメイト』で販売会をし、売上金で逃走中グッズを手に入れて、『進撃の逃走中』を楽しもう」で、販売する製品の制作場面において、スプレッドシートを活用した。

手織りコースターの配色について、言葉でのやりとりだけでなく、実習生と生徒がお互いにスプレッドシートを編集し合うことで、話して伝えることに抵抗感を持つ生徒の配色の工夫についての思いが具体化された。

◆画面を共有しながらのやり取り

コースターを製作するときに、生徒Aは、材料の毛糸をどんな配色にするかについて、今までに制作した製品を実習生に見せたり、文字入力をしてやり取りしたりしながら、「かわいいコースターをつくりたい」という願いを実習生に伝えた。

配色を相談しながら製作する生徒A

実習生は、生徒Aがイメージしている「かわいい」コースターを具体化するためにどうしたらよいかを考えて、使う色見本を用意したり、実習生が制作した毛糸の組み合わせを提示したりした。

生徒Aが考えていなかった色の組み合わせや、毛糸の組み合わせ方を提示したことで、生徒A自身が新しい色の組み合わせを考えるきっかけとなった。一方で、制作するコースターをどのようにすれば生徒Aの考える「かわいさ」に近づけられるかが課題となった。

◆色や組み合わせ方を具体化するために

課題を解決するために必要だったことは、①色を決めること、②縦糸と横糸の配置をどうするかを生徒Aと具体化することであった。

そこで、生徒Aと実習生がそれぞれ自由に色を変えたり、糸の配置を変えたりすることのできるスプレッドシートを利用することを考えた。

スプレッドシートは同じシートを共同して、同時に編集できるというメリットがある。実習生が提案した色の組み合わせについて、生徒Aが色を決めたり、位置を変えたりすること、変えたことについての即時的な実習生の反応があったりしたことで、生徒Aの考える「かわいい」コースターのイメージに近づけたと、生徒A自身が感じる姿につながったと考える。その時間のまとめの会で生徒Aは、「完璧なかわいいコースターができました」とクラスで発表した。

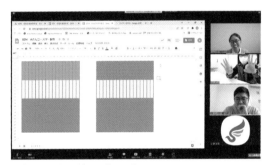

配色を示したスプレッドシート

特別支援学校のクラウド活用

💡 児童生徒の思いを具体化するツールの1つとして

児童生徒の中には、自分の思いを伝えるときに、言葉よりも文字や絵をかく、ジェスチャーをする、パソコンで入力するなどの方が豊かに自分を表現する場合がある。どのようにすればその児童生徒により寄り添うことやその思いを具体化することにつながるのかを考えて実践したり、ICTの活用によって表現する手段の選択肢を複数用意したりすることで、生徒が安心して表現する姿につなげることがポイントとなる。

示範実践

実践者：附属特別支援学校 小林 愛
記録者：附属特別支援学校 小林 愛

Chromebook を使った キーボード入力支援

個別の学習において、パソコンを使って様々なことを調べたいと願う生徒2人と、Google スライドを活用して調べたことをまとめた。生徒の実態に合わせたローマ字入力表を用意しタイピングタイムを設定する、同時編集機能を活用して教員が先行して入力したり、見本となるローマ字の示し方を工夫したりする等した。生徒は教員が一緒に作成していることに安心し、間違えたときやできたときにすぐに教員に伝えてやり取りしながら学習を進めた。

◆「タイピングタイム」と生徒の実態に合わせたローマ字入力表

生徒たちはこれまで大文字表記のキーボードのパソコンを使用することが多かった。Chromebookのキーボードは小文字表記になっているため、大文字のローマ字入力に慣れはじめていた生徒にはスムーズな入力が困難だった。また、手元にローマ字表を用意しても、ローマ字表とキーボードと画面に対する視線の移動により、文字入力に時間が必要だった。

そこで、生徒Aには小文字のローマ字表を添付したページを用意した。すると、スライドに示した小文字のローマ字表とキーボードを一致させながら的確に入力し、好きなアーティストについてまとめたり、教員との会話で話題にしたりすることを楽しめるようになった。

◆同時編集における教員のタイピング支援

生徒Bは、平仮名とローマ字のマッチングが難しかったため、日本語の下に入力するアルファベットを示し、同じアルファベットを入力

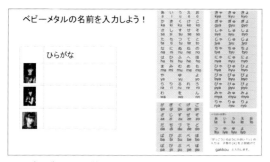

タイピングタイムで使用したスライド

```
鶏むね肉  1枚
tori mune niku 1 mai

長ネギ半分
naga negi    hannbunn

鶏がらスープ小さじ1と半分
tori gara su-pu
kosaji 1 to hann bunn

みりん大さじ4
mirinn oosaji 4

小ねぎ1本分
konegi  1ponn bunn
```

生徒Bに用意した入力表

できるようにした。また、アルファベットが多く並ぶことによって、1文字1文字をとらえることが難しくなっていたため、適宜スペースを入れて見本を示した。すると、確実に入力できる文字数が多くなり、それに伴って入力速度も早くなってきた。

また、同時編集しながらマーカー機能で単語の切れ目で色を変え、変換するタイミングを示した。すると、自分で判断して変換しながら、つくりたい料理の材料やつくり方をまとめていった。

2人が作成しているスライドを教員が共有することで、入力速度が早くなっている様子をリアルタイムで確認することができ、即時的な称賛につながった。

1文字、1単語ごとに区切った見本

💡 タイピングを楽しむことから

特に大切にしたことは「自分で入力できるようになって○○をしたい」という生徒の願いにつなげること。様々なタイピングゲームもあるが、実際に生徒がやりたいと願う活動を中心に据え、実態に即した手立てを入力しているスライド上に示すことで、困難さを克服し、技能の向上につながった。教員もスライドを共有することで、上手になった姿を即時的にとらえ、称賛することができ、意欲の高まりにもつながった。

児童生徒、教員のための特別支援 ICT

下山真衣 ●信州大学教育学部・准教授　　原 洋平 ●信州大学大学院教育学研究科・実務家教員

❶ 特別支援教育におけるコミュニケーションテクノロジーの歴史

　みなさん、特別支援教育において、パソコンやタブレットを用いた学びはいつから行われていると思いますか？　2019 年から始まった GIGA スクール構想以降だと考える人もいるかもしれませんね。特別支援教育において PC を活用した教育は、1980 年代にはすでに行われています。

　理由の 1 つは旧学習指導要領にてコンピュータに関する指導が取り入れられ、各教科の指導においてパソコンを積極的に活用することが求められたという背景があります。もう 1 つとしては、機能的な問題によって意思表示が難しい、活動への参加が難しい児童生徒に、パソコンやタブレットを用いることでそれを可能にするといった教育や支援が行われてきたことが背景にあります。

　ですので、GIGA スクール構想が始まる前にパソコンや個別にタブレットを用いて学習を進めている障害のある児童生徒はすでに一定程度存在していました。2010 年代には、特別支援学校では PC を用いた教育や個別のタブレット支援が進んでいたように思います。それもそのはず、言葉で自分の表現ができない児童生徒にとって、タブレットでボタンを押すと自分の話したいことを代わりに話してくれるなど、生活になくてはならないインフラとなっていたからです。タブレッ

トはコミュニケーションの補助機器として活用され、AAC (Augmentative and Alternative Communication：拡大・代替コミュニケーション) によるコミュニケーション指導が特別支援教育では長い歴史をもって行われてきたのです。

❷ 特別支援教育における AAC と AT

　AAC は、コミュニケーションに障害のある人がテクノロジーの活用によって自分の意思伝達をする技術のことを言います。AACには、従来では瞬きや、絵カード、文字盤、コミュニケーションボードや筆談などが使われますが、VOCA などの音声を出力するコミュニケーション機器と、パソコンやタブレットにダウンロードできるコミュニケーションアプリなどがあります。また、パソコンが普及してから AAC の発展は、AT (Assistive Technology: 支援技術) と呼ばれる障害のある人が端末操作を補助するためのソフトウェア・ハードウェアの発達とともにあります。近年のパソコンやタブレット、スマートフォンなどの端末には、テキストリーダー、画面の拡大、色の変更などなど AT のソフトウェアは当たり前に導入してありますし、点字ディスプレイやジョイスティックなどのAT のハードウェアも活用されているのです。このようなコミュニケーションテクノロジーの発展が、特別支援教育自体を新しいフェーズに推し進める大きな起動力となったとも言

えます。

❸ 特別支援教育における ICT活用とは

　文部科学省（2020）は、特別支援教育における ICT活用について、以下の2つの視点で整理しています。

視点1：教科指導の効果を高めたり、情報活用能力の育成を図ったりするために、ICTを活用する視点
視点2：障害による学習上又は生活上の 困難さを改善・克服するために、ICTを活用する視点

　視点1は、障害の有無や学校種（小学校、中学校、高校、特別支援学校）を超えた共通の視点と説明されています。したがって、各教科等の授業において実施することが求められていますし、特別支援学校学習指導要領では、各教科の指導計画を立案するにあたって、障害種ごとにコンピュータ等 ICTを活用することが配慮事項として明記されています。

　一方で視点2は、特別支援学校学習指導要領の独自の教育内容である自立活動の視点であり、特別な支援が必要な児童生徒に特化していると説明されています。したがって、児童生徒個々の実態に応じて実施することが求められています。文部科学省 (2020) は、障害の状態や特性や学びにくさは多様かつ個人差が大きい

ことを強調しており、視点2についても非常に重視していることが分かります。

　図は、特別支援学校小学部学習指導要領の各教科における ICT活用について書かれたものをまとめたものです。視覚障害、聴覚障害、肢体不自由、病弱、知的障害のある児童生徒についてそれぞれ書かれています。

　発達障害についてはありませんが、学習障害、注意欠如多動性障害、自閉スペクトラム症のある子どもにとっても自立活動における ICT活用は重要事項となります。例えば、学習障害の子どもにとっては、教科書の文字を読むことが難しい場合にテキストリーダーを使って文章を理解する、漢字を覚えることが苦手な子どもは辞書機能を使って勉強しています。自閉スペクトラム症の子どもは、見通しがつくようにアプリでスケジュール管理を

特別支援学校小学部学習指導要領各教科における ICT活用

視覚障害	触覚教材，拡大教材，音声教材等の活用を図るとともに，児童が視覚補助具やコンピュータ等の情報機器などの活用を通して，容易に情報の収集や処理ができるようにするなど，児童の視覚障害の状態等を考慮した指導方法を工夫すること。
聴覚障害	視覚的に情報を獲得しやすい教材・教具やその活用方法等を工夫するとともに，コンピュータ等の情報機器などを有効に活用し，指導の効果を高めるようにすること。
肢体不自由	児童の身体の動きや意思の表出の状態等に応じて，適切な補助用具や補助的手段を工夫するとともに，コンピュータ等の情報機器などを有効に活用し，指導の効果を高めるようにすること。
病弱	児童の身体活動の制限の状態等に応じて，教材・教具や補助用具などを工夫するとともに，コンピュータ等の情報機器などを有効に活用し，指導の効果を高めるようにすること。
知的障害	児童の知的障害の状態や経験等に応じて，教材・教具や補助用具などを工夫するとともに，コンピュータ等の情報機器などを有効に活用し，指導の効果を高めるようにするものとする。

オンライン教育実習の概観図

信州大学教育学部附属次世代型
学び研究開発センターのサポート

・アクセスポイントの整備・増設
・使用機器に関わる相談

【Googleドライブ】
・実習にかかわる資料
・教材づくりに必要なもの
・学習計画案（Googleドキュメント）

日常生活や授業を配信

観察・授業実践

特別支援学校 ← 下校後に指導・意見交換 → 自宅・教育学部

していることもあります。発達障害の子ども
たちが学ぶために PC やタブレットを活用す
ることは重要なインフラになっています。

このような自立活動としての ICT 活用を進
めつつも、プログラミングやクラウド利用に
よる共同作業は障害のある子どもたちの創造
性を高め、社会の課題を解決するといった学
びを広げることに貢献してきています。

また、教育実習においても ICT 活用が進ん
でおり、みなさんが教員として働く前に、実
習でも ICT 活用する機会が増えています。

（下山真衣）

❹ 附属特別支援学校における クラウド活用

校内における ICT 環境の整備・運用が進む
につれ、授業におけるクラウド活用だけでな
く、先生方の日々の業務においてもクラウド
を活用した新しい取り組みや仕事の効率化を
図るための工夫がなされています。ここでは、
附属特別支援学校の教員の取り組みや業務の
工夫について紹介します。

❺ オンライン教育実習

新型コロナウイルス感染症の感染拡大に伴

い、長野県においても初めて「まん延防止
等重点措置」が令和 4 年 1 月 27 日から 2 月
20 日まで適用されることになり、2 月 8 日
から 22 日の期間に計画されていた令和 3 年
度特別支援教育実習は実施方法を変更せざる
を得ない状況となりました。実施方法の変更
が決まり、すぐにどのように実施するかにつ
いての検討が始まったのですが、多くの教員
から「附属特別支援学校の児童生徒の姿や授
業に触れ、制限がある中でも実習生が体験的
に学ぶ機会を設定することはできないか」と
いう声が挙がりました。このような声が挙
がった背景には、令和 2 年度特別支援教育
実習の反省がありました。令和 2 年度特別
支援教育実習も感染拡大の影響を受けて途中
で中止となり、実習期間後に代替プログラム
【オンデマンド型（講義動画・授業動画の視聴）
と双方向型（教員との意見交換など）を組み
合わせたプログラム】という形で実施されま
した。代替プログラムを終えた実習生からは、
「動画をじっくり視聴することで教員の具体
的な支援が分かった」などと代替プログラム
での学びを前向きにとらえる実習生がいる一
方で、「子どもとの関わりや授業を実際に体
験してみたかった」という感想もあり、体験

的な学びという点では課題が残りました。こうした課題を踏まえ、実習生と児童生徒および教員が少しでも関わり合えるような機会を設定できるようにと、令和3年度特別支援教育実習は、オンライン方式で実施することにしました。

　実習期間、タイムテーブルは当初の計画通りに行うこととし、この期間の中で、実習生と児童生徒がオンライン上で関わりがもてるようにすること、また、実習生が児童生徒の実態を基に授業構想（支援の計画・立案、教材づくり）を行えるようにすること、さらには授業の様子を基に実習生と教員が意見交換できるようにすること、といった内容を実現するための実施方法を模索しました。具体的には、オンラインコミュニケーションツールを使用して、リアルタイムで児童生徒の日常生活や生活単元学習の様子を配信し、実習生は自宅や教育学部講義室からアクセスして、観察・授業実践を行いました。児童生徒下校後には教員による事後指導や授業に関わる意見交換の時間も確保しました。オンライン教育実習では、必然的に長時間画面を凝視することになります。そのため、観察の合間に意図的に自主研修の時間を設け、目を休めるのと共に同じ学級に配属された実習生同士で意見交換ができるような工夫も行いました。

　リアルタイムで授業を配信するにあたって

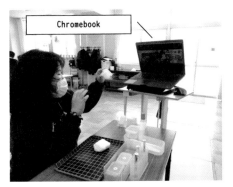

図1　中学部の授業配信の様子

は幾つかの課題がありました。特に、小学部では、遊びを中心とした生活単元学習を行っており、児童及び教員が遊び場を動き回るため、観察のしづらさがありました。また、実習生がその状況の中で画面越しに児童と関わりをもつことが難しいこと、児童と教員の声や足音、音楽といった音が入り乱れるために肝心な児童のつぶやきなどが聞き取りづらいということ等が課題となりました。Webカメラや大型モニターの設置場所を工夫することで児童との関わりを可能にしたり、スピーカーフォンを接続することによって音声の聞き取りづらさの改善を図ったりしました。

　中学部・高等部では、生活単元学習の終末に計画したお祭りやイベントに向けて必要となる物や製品を制作する場面を主に配信することになりました。まず、クラス全員で目標や制作の進行具合を確認する「始めの会」を行い、その後、個々の制作スペースへ移動し、制作が終わったら再び学級全員で制作物の出来栄えなどを確認する「終わりの会」を行うという一連の流れがありました。そのため、同じ教室内で画面や音声を複数人で共有する場面と個別にやりとりする場面をオンライン上で円滑に切り替えられるようにする必要がありました。工夫としては、学級全体で行う「始めの会」や「終わりの会」では、教室前方にメインルームを映した大型モニターを設置し、画面を通して目標や制作工程の確認などを行える状況をつくり、複数の生徒と実習生がやりとりできるようにしました。

　制作スペースには、1台ずつ Chromebook を設置し、制作活動の時間になると実習生は担当生徒のルームに移動して、画面越しに参観をしたり、支援をしたりできるような状況を設定しました。それぞれのルームに移動することによって、担当生徒のつぶやきや声が

明瞭に聞こえるようになりました。また、教室内におけるハウリングも無くなり、制作活動の場面では担当生徒の言動をつぶさに観察できるようになりました。

　教育実習に関わる資料（タイムスケジュールや教育実習の心得など）や教材・補助具づくりに必要な物、実習生が作成した教材や手順表などについては、Google ドライブ上で共有しました。また、生活単元学習ではティームティーチングで授業を行うため、学習計画案を複数の実習生で協力して作成する必要がありました。そこで、学習計画案については Google ドキュメントを用いて、ドライブ上で共同編集できるようにしました。オンライン教育実習前までは、各実習生が担当する児童生徒の願いや支援について手書きしたものを持ち寄り、各自が一枚の用紙に貼り付けて完成させていましたので、以前と比べとても効率化されたと言えます。ドライブや共同編集のできるドキュメントについては、今後の教育実習においても活用していくことになっています。

❻ 日々の業務改善に向けた活用

　附属特別支援学校においては、数年前から教員会（教員が一同に会して行う会議）をオンラインコミュニケーションツールや Google Meet を使って実施しています。感染防止対策の意味合いもありますが、オンラインで実施することで会議の準備に伴う業務を軽減することができるようになりました。これまでは、会議に向けて資料を作成し、集約後、印刷をして各教員に配布するという準備がありました。特別支援学校は教員数が多く、議題が多い時は膨大な資料を大量に印刷する必要がありました。現在は画面上で資料を共有する、手元で資料を確認したい場合は各自

ドライブにある資料にアクセスするという方法を取り、会議を行っています。もちろん対面で行った方が議論を深められるような授業研究会や係会などはこれまで通り対面で行っていますが、情報共有が中心になるような会議はオンラインで実施した方がよいことが分かってきました。会議の性質や内容をふまえて実施方法を使い分けることで、より効率的に業務を進めることができます。

　また、日々の生活ではビジネスチャットツールを活用し、教員間における情報の共有や連絡を行っています。チャンネルを使い分けることで、全教員または関係者と情報を共有したり、やりとりをしたりすることができます。口頭での連絡のみでは忘れてしまうことがありますが、やりとりの記録が残るため、後で内容を確認することができるというメリットがあります。また、最近では緊急時の対応（児童生徒の捜索など）に非常に有効であることが分かってきました。これまで緊急時における連絡は電話で行うことになっており、受信者から全体に情報を共有するのに時間を要しました。しかし、ビジネスチャットツールを活用することにより、関係者全員が同時に情報を共有することができ、円滑に対応することできます。

　これらは校内におけるクラウドを活用した業務改善に向けた工夫の一部ですが、授業における活用だけでなく、これから働くうえでどんな活用ができそうかという視点をもつと、さらに活用の幅が広がるかもしれません。

（原　洋平）

〈引用文献〉
文部科学省（2020）各教科等の指導における ICT の効果的な活用に関する参考資料　特別支援教育における活用．(https://www.mext.go.jp/content/20200911-mxt_jogai01-000009772_18.pdf　2022 年 12 月 10 日最終確認）

管理職として支える GIGA スクール構想

谷内祐樹 ●信州大学教育学部附属松本中学校・教頭

管理職（教頭）として GIGA スクール構想を支えるため、これまでの教育実践と ICT とのベストミックスを図ること、教員に校務での ICT 活用を促すこと、ICT 支援員や事務職員と共有のビジョンをもつこと等を行ってきました。

❶ これまでの実践と ICT との ベストミックスを図る

私が教頭を勤めているのは信州大学教育学部附属松本中学校です。令和 4 年度は 100 名を超える教育実習生を受け入れました。中学 3 年生の A さんは教育実習生が来た日のことを次のように振り返っています。

写真 1　教育実習生歓迎会の様子

今日は教育実習の先生方がいらっしゃいました。1 年ぶりの教育実習で少し緊張しましたが、どの先生も優しく和やかな雰囲気だったので安心しました。一緒にいられる時間が短いので、1 日 1 日が大切です。今回は私の方から積極的に話しかけていって、お互いに成長できたらいいなと思います。（A さん）

A さんは、毎年の教育実習生との出会いを楽しみにし、教育実習という機会を通して自分も成長したいと考えています。これまで、教員はこのような生徒の思いを学級通信等で紹介し、教育実習生と出会う機会を大切に考えてきました。

また、B さんは授業以外での教育実習生との関わりを次のように振り返っています。

教育実習の C 先生は、僕が体調が悪かった日から「大丈夫？」「元気？」と毎日声をかけてくれます。迷惑をかけて申し訳ないなと思いますが、何よりもうれしいです。僕もこんな大人になりたいと思うようになりました。（B さん）

B さんは、教育実習生の C 先生が自分の心配をしてくれたことに感謝しています。また「こんな大人になりたい」という思いをもったようです。

教育実習という機会を通して、人と人の出会いを大切にし、自分の生き方に活かしていく。このような光景は GIGA スクール構想以前から続いています。児童生徒は教育実習生との出会いを通して様々な思いを抱き、教員

はその思いを的確にとらえ、適切に広げ、よりよい教育実践に活かしてきました。では、このような教育実践にICTをどのように活用していけばよいのでしょうか。私は管理職としてGIGAスクール構想を支える第一歩は、GIGAスクール構想以前から培ってきた教育実践の意味を確かめることだと考えています。

GIGAスクール構想がスタートした際の文部科学大臣メッセージには次のような言葉があります。

　1人1台端末環境は、もはや令和の時代における学校の「スタンダード」であり、特別なことではありません。これまでの我が国の150年に及ぶ教育実践の蓄積の上に、最先端のICT教育を取り入れ、これまでの実践とICTとのベストミックスを図っていくことにより、これからの学校教育は劇的に変わります。

（「子供たち一人ひとりに個別最適化され、創造性を育む教育ICT環境の実現に向けて〜令和時代のスタンダードとしての1人1台端末環境〜《文部科学大臣メッセージ》」より一部抜粋、2019）

「これまでの実践」には、教育実習における実践ももちろん含まれます。では、本事例のAさんやBさんの思いを学級に広げていくために、どのようなICTとの組合せが考えられるでしょうか。

たとえば、教育実習生とのお別れ会で互いの思いを共有する機会を設けたとしましょう。GIGAスクール構想以前であれば、教員が大型提示装置を用いて教育実習中の写真を映し、生徒の発言を促すような支援が行われてきました。しかし、時間が限られているため、生徒からの発言を待ったとしても、教員が指名したとしても、表出される考えは一部になりがちです。

今、GIGAスクール構想の実現により、様々な支援が可能となりました。Googleフォームで教育実習生との思い出ベスト3を事前に集計したり、Googleスライドで各自が思い出の写真を添えてエピソードをまとめたりと、これまでは時間がかかって難しかった支援ができるようになりました。

ポイントは、これまでの実践とICTとの組み合わせを考えていくことです。たとえば、教育実習生との関わりで感じた多様な思いはICTを使って共有し、顔を合わせて伝えたい気持ちは直接伝える。これまでの実践の意味を確かめ、何がベストミックスなのかを考えていくことが大切だと思います。

❷ 教員に校務での活用を促す

教育実習生が情報端末を活用した授業を展開するためには、情報端末を用いた授業が日常的に展開されている必要があります。「あの先生はよく使っているけれど、あの先生はほとんど使わない」という状況では、児童生徒のICTスキルに差が生じます。このようなスキルの差は教育実習生の授業に好ましくない影響をもたらします。しかし、情報端末を活用した授業を苦手とする教員がいることも確かです。そこで、教員が校務で情報端末を活用するよう促してみてはどうでしょうか。本校での取り組みをいくつかご紹介します。

まずはフォームの活用です。これまで本校では、保護者懇談会の日程調査や音楽会への申込などの保護者宛通知を紙で作成・配布し回収していました。現在は、図1のようにフォームを使っています。フォームを使うことで教員が紙を印刷したり回収したりといった手間が省略されますが、フォームを使うメリットはこれだけではありません。どのような質問項目が適切なのかを工夫することで、保護者にとっても回答の手間を省くことにつ

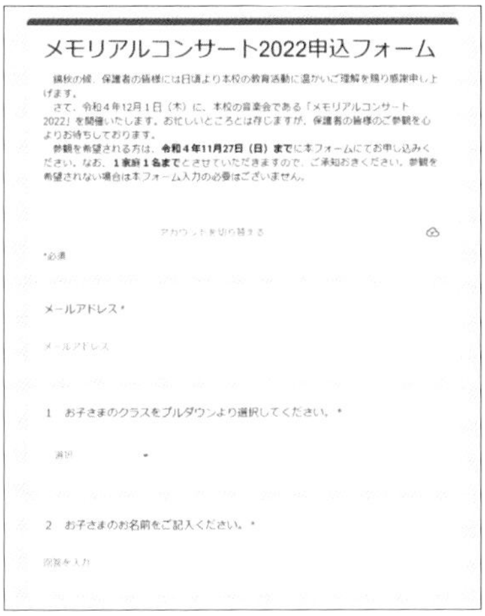

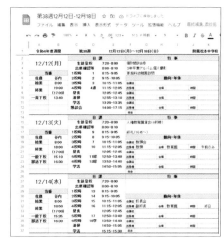

図1　Googleフォームの音楽会申込

図2　Googleスプレッドシートの予定表

ながります。この「どのような質問項目が適切なのか」という考え方は授業改善に活かすことができます。

たとえば、授業を振り返る場面でフォームを使えば教員の手間を省くことができますが、一歩進めて「どのような質問項目が適切なのか」と考えてみてはどうでしょうか。回答する児童生徒はどんな質問項目であれば、授業の内容を振り返って学んだ手応えを実感し、次の学びにつなげることができるだろうか。このように考えてみることは、「主体的な学び」という視点からの授業改善につながります。

> 学ぶことに興味や関心を持ち、自己のキャリア形成の方向性と関連付けながら、見通しをもって粘り強く取り組み、自己の学習活動を振り返って次につなげる「主体的な学び」が実現できているかという視点。
> （中央教育審議会答申、2016）

このように、実際の校務でフォームを活用することで発信者と受信者双方のメリットを理解することができるのです。

次に、Googleスプレッドシートの活用を紹介します。これまで本校では、1日の予定をまとめた日報や1週間の予定をまとめた週予定表を紙で作成して配布していました。しかし、現在では日報をなくし、スプレッドシートを使った週予定表（図2）に一本化しています。

スプレッドシートを活用することのよさは複数のユーザーが共同編集できることです。急な予定変更があった場合は、誰でもスプレッドシートを上書きすることができます。このような効果を実感したある教員はさっそく授業に取り入れました。その結果、生徒はGoogleスプレッドシートに記入された友達の考えを参考にしながら自分の考えを広げ深めたり、友達と協働的に新たな考えを構築したりするなど、「対話的な学び」の視点からの授業改善につなげることができました。

> 子供同士の協働、教職員や地域の人との対話、先哲の考え方を手掛かりに考えること等を通じ、自己の考えを広げ深める「対話的な学び」が実現できているかという視点。
> （中央教育審議会答申、2016）

情報端末を用いた授業が日常的に展開され

るためには、教員が校務で積極的に活用し、効果を実感することが有効だと考えらえます。管理職は教員の積極的な活用が促されるよう、自ら活用する姿を示したり実践例を広げたりしていくことが大切ではないかと思います。

❸ ICT 支援員や事務職員と共有のビジョンをもつ

授業で情報端末が日常的に使われるようになると、様々なトラブルが起こるようになります。たとえば、ある教室だけインターネットにつながりにくいというような問題です。このような場合、管理職としてどのように対応すればよいのでしょうか。

私が大切にしていることは、教員だけではなく、ICT 支援員や事務職員と協働的に問題解決をしていくことです。写真 2 は ICT 支援員と事務職員の 3 人でインターネットがつながりにくいという訴えのあった教室へ行き、回線速度を確認している様子です。

事務的な手続きで言えば、回線に重い負荷をかけている状態での授業中の回線速度を確認することや、状況を改善するための方法や予算的措置を協議すること等が考えられます。また、このような不具合を改善するには時間がかかりますので、インターネットがつながりにくいと訴えてきた教員に今後の工事計画等を説明したり、学習に支障が起きない

ような暫定的な対応を伝えたりすることも必要でしょう。

私はこのような機会を大いに利用して、教員だけではなく、ICT 支援員や事務職員とともに授業を見て、本校としては情報端末を活用してどんな学びを実現していきたいのかという共通のビジョンをもちたいと考えています。

本校では、同じ時間帯に全学級が総合的な学習の時間を行っています。GIGA スクール構想の実現によって情報端末の活用が活発になり、インターネットにつながりにくいという不具合が起きました。そこで、ICT 支援員と事務職員とともに実際に授業を見に行って状況を確認するわけですが、このような機会をとらえて、たとえば、総合的な学習の時間では情報端末を使ってこのような学びを実現していきたいという願いを伝えるようにしています。

本校のある学級では、地域に点在する井戸は持続可能かという課題を設定し、実際にフィールドワークをしたり井戸の管理をしている方にインタビューをしたりして情報を収集しました。そして、教室に戻ってきた生徒は、グループごとに Google Jamboard を使って情報を整理しました（図 3）。

このような学習の様子を ICT 支援員や事務職員に見てもらい、今、学校ではどのような学びを実現したいと考えているのかを説明す

写真 2　回線速度の確認

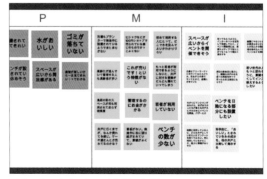

図 3　Google Jamboard を使った例

ることが考えられます。たとえば、これまで
の総合的な学習の時間では、調べ学習やイン
タビュー等で多様な情報を収集していたけれ
どそれらを発表することだけに留まり、それ
が課題だったこと、これからは生徒が多様な
情報を整理・分析する場面も大切に考えたい
こと等をお伝えします。

　すると、事務職員からは「こういう学習は、
以前模造紙や画用紙でやっていましたね。そ
ういえば、付箋の注文が減っています」「み
んなで書けるので友だちの考えをすぐに見る
ことができますね」、ICT支援員からは「情
報端末を使うと、書いたり消したりすること
が簡単なんですよ」「みんなで書くためには
回線速度を改善する必要がありますね」等、
情報端末を活用するメリットとともに実現し
たい学びのイメージにも気づいてもらえま
す。

　今回のGIGAスクール構想の実現により経
験したことのないテクノロジーが学校に入っ
たため、経験したことのない問題が生じてい
ます。先に述べた事例の解決方法についても
唯一解はありません。教員だけでなく、ICT
支援員や事務職員、そして保護者等の全ての
関係者とともに協働的に問題解決を図り、最
適解を見いだしていく作業が必要となりま
す。そこで求められるのは、テクノロジーの
効果的な活用を通じて生徒の学びにどのよう
な変革をもたらすのかという共有のビジョン
をもつことです。管理職はこのような問題解
決をリードしていく必要があります。

❹ おわりに

　教頭としてGIGAスクール構想を支えるた
め、これまでの教育実践とICTとのベスト
ミックスを図ること、教員に校務でのICT活
用を促すこと、ICT支援員や事務職員と共有
のビジョンをもつこと等を行ってきました。
このような取り組みは情報端末の日常的な活
用につながりますので、教育実習期間中で
あっても、教育実習生がストレスなく情報端
末を活用した授業実習を行うことができるよ
うになります。

　最後に述べたビジョンの共有については、
教育実習生も本校の教育を実現するステーク
ホルダーになります。そのため、教育実習生
に対して、情報端末を使って実現したい学び
を説明し理解を求めることも必要になるで
しょう。

GIGA スクール構想を支える ICT 支援員
安心・安全・快適な活用をめざして

吾妻みどり ●信州大学教育学部附属長野小学校 ICT 支援員

本校では、よりよい学びをつくり、くらしを豊かにしていくために、児童生徒が ICT 機器を自由に活用する中で、情報活用能力の育成や機器操作のスキルアップをしながら、適切かつ効果的に活用できるよう、自分で自分をコントロールする力の育成をめざしています。

❶ ICT 支援員の仕事

本校では、令和 2 年度（2020 年度）から GIGA スクール構想がスタートしました。1 年生がタブレットを、2 ～ 6 年生が Chromebook を 1 人 1 台活用しています。児童や先生が、「安心・安全・快適」に ICT 機器を活用できるよう、ICT 支援員の仕事は多岐にわたります（表 1）。

❷ ICT 支援員の役割

ICT 支援員の役割は、トラブル対応や操作のサポートが主な仕事です。しかし、児童生徒自身が自分をコントロールする力や問題解決能力を育成していくことも担っていきたいと考えています。学校としても、児童生徒たちの自由な発想や創造を促したり、児童生徒たちが自らの危険を回避したり、危険に遭遇した際に対処できる力も身につけていってほしいと願い、規制やルールを最小限にし、児童生徒に委ねています。そのため、児童生徒たちは、ルールが必要だと感じたときに、自身のルールをつくったり、クラスで話し合ったりしてルールをつくっています。

ICT 支援員として、児童生徒たちの願いを実現できるよう、機器の設定やアプリの選定、

---

1. 機器の管理
   ① デバイスの使用方法・保管方法の管理
   ② ICT 機器の動作チェックやメンテナンス

2. 授業サポート
   ① オンライン授業の準備・テスト・サポート
   ② 児童や教員の ICT 機器の操作サポート
   ③ ICT を活用した授業・教材づくりのサポート
   ④ ICT を活用するための研修・セミナー開催
   ⑤ 情報モラルに関する教材や事例紹介

3. ネットワークおよび機器トラブルの対応
   ① トラブル原因の特定
   ② ICT 機器の修理
   ③ ICT 製品メーカーとのやり取り
   ④ 保険会社とのやり取り

4. 環境整備
   ① ICT を活用するための環境整備や改善
   ② アプリ・ソフトの選定

5. その他
   ① 各種ユーザー登録・年度更新
   ② 大学や他校の ICT 支援員との事例共有や情報交換

表 1　ICT 支援員の主な仕事

および児童生徒の能力に合わせて環境の更新も行っています。また、ICT の利点を最大限生かして活用していけるよう想定したサポートはもちろん、先生方が授業に専念できるこ

写真1　分散登校中のオンライン授業の様子

とを一番に考え、トラブルを避け手軽に活用できるように機器の準備やサポートを心掛けています。

　私は3人の子どもたちの母でもありますので、親の立場からも、心を配るようにしています。目まぐるしく進化する情報社会の中で、児童生徒が危険に巻き込まれないよう、担任の先生方や大学と連携し、情報モラルや児童生徒の健康、ネットトラブルの未然防止等に配慮していくことで、児童生徒たちと先生はもちろん、保護者にも「安心・安全・快適」に利用してもらえるようにサポートしていくこともICT支援員の役割だと考えています。

❸ ICT機器のトラブルについて

　本校でも、日々トラブルが発生します。なるべくトラブルが起きないよう整備をしているものの、起きてしまうのが実情です。児童生徒の操作スキルが上がってくるにつれて、トラブルの内容も変化してきました。GIGAスクール1年目は、画面破損など、不慮の事故によるハード面の故障が多かったのですが、2年目に入ると、不慮の事故が一気に減りました。相反して、興味本位に操作して元に戻せなくなってしまうことが増えてきました。扱いに慣れてきた証拠のように感じます。また、ICT機器の導入でペーパーレスが期待されましたが、児童生徒たちは、自分の成果物をプリントアウトしてファイルに保存したり、クラスやグループに配布したり、まとめとして模造紙に張り付けたりすることが増え、プリンターの管理や、紙やインク代などが増えている現状もあり悩ましいところです。

　これまでに起きた主なトラブルを紹介します（表2）。

トラブル	現象	原因	対応
不具合	電源が入らない・充電できない	デバイスの不具合	ハードリセット
	ログインできない	パスワード入力ミス	パスワード確認・入力
		パスワード忘却	パスワードリセット
		デバイスの不具合	ハードリセット
		Wi-Fi未接続	Wi-Fi接続
故障	電源が入らない・充電できない	システムボードの不具合	メーカー修理
	画面開閉部分（ヒンジ）のゆるみ	摩耗	
	タッチパッドが使えない	タッチパッドの故障	
	カメラが使えない	システムボードの不具合	
不慮の事故	起動しない	デバイスの落下	メーカー修理
	画面の破損	デバイスの落下 画面に異物落下 間にペンなどを挟んだまま画面を閉じた	
	キーボードの破損	キーが外れてしまった ねんどが入ってしまった	
	USB端子の破損	異なる端子を差しこんでしまった	
	電源コードの破損	端子が充電庫の扉に挟まり潰れた	買い替え
操作・設定ミス	画面の色・サイズ・向きなどが変わってしまい戻せない	操作ミス・設定ミス	設定修正
	キー入力が出来ない		
	音が聞こえない		
	音量が小さい		
	カメラが使えない		
	タッチパットが使えない		

表2　主なトラブル一覧表

　不具合の報告を受けると、ハード的な故障なのか、人的な操作ミスなのか、どのパターンでうまくいかないのかなどを確認しながら、トラブルの原因を特定していきます。大概、この特定に一番時間がかかるのですが、大半は、電源が入らない・充電ができないといったデバイスの不具合や設定ミス・操作ミスによるちょっとした不具合が多く、メーカー修理をせずに対応することができます。

❹ ICT教育実習生に伝えたいこと

　教育実習生から、「ICT機器を使って、こういう授業をしたいんだけれど、実際にどうしたらいいでしょうか」と相談を受けること

写真2　教育実習生の Google Jamboard を活用した算数の授業場面（2年生）

があります。教育実習生のアイディアから、教員と児童生徒たちにとって負担なく、学習の本質に迫れるように、そして、ICT のよさを味わってもらえることを意識しながら、アドバイスをしています。教育実習生の皆さんが授業をする際、迷ったりしたときは、こんなふうにやってみたいんだけれど … というイメージでよいので伝えてみてください。きっとアドバイスやヒントがもらえるはずです。実習生の皆さんの豊かで新しいアイディアを ICT 支援員と共有することで、具体化していけると思いますので、ぜひチャレンジしてみてください。

しかし、はじめてチャレンジするときは、少し注意が必要です。事前にアプリを使ってみておくことも必要ですが、何事にもある程度の準備が必要なので、あらかじめ、やりたいことを ICT 支援員に伝えておくとよいと思います。

そうすることで、支援員もフォローしやすく、大きな失敗を防ぐことができると思います。

また、少しずつ機器の操作や情報活用のスキルアップをしていくためにも、クラスや児童の様子を ICT 支援員と情報共有していくことは、年間を通して大切なポイントだと考えています。

困ったことはもちろん、素朴な疑問や質問などでもよいと思います。まずは、相談してたくさんトライしてみてください。

❺ ICT 授業実践の トラブル例から学ぶ

教育実習生や先生方が Google Classroom でトライしてきた中でこれまでに起こったトラブルから、ポイントや対処方法をお伝えします。

【その1】
「課題を Classroom に上げ忘れてしまった」
事前に作成した課題を、当日の朝や授業の前に配信するつもりだったのに。こんなうっかりミスを防ぐためには…
→課題のスケジュール設定をして予約投稿することができます。

【その2】
「配布資料が児童に書き変えられてしまう」
「課題ファイルに児童が書き込みできない」
「私の日記がみんなに見られている」
「グループのみんなで同時に書き込みができない」
このようなファイル権限に関わるトラブルを防ぐには…
→課題に添付するファイルの配信の際には、必ず目的に応じて
• 「生徒がファイルを閲覧できる」（閲覧のみ）
• 「生徒がファイルを編集できる」（共同編集）
• 「各生徒にコピーを作成」（個人専用）
の3つから選択して配信することを意識してみてください。

【その3】
「ワークシートの枠が動いてしまう」
文字を書いたり図形を操作したりする際に、枠が動いてしまって、思うように操作できない…

→ワークシートの枠を背景として取り込むことで、動かないようにすることができるので集中して課題に取り組めます。

【その４】

「ワークシートの記入欄が小さくはみ出てしまう」

「Jamboard上の図形が小さく操作しにくい」

記入欄や図形、付箋が小さいと思うように書いたり動かしたりできない…

→できるだけシンプルに、それぞれのパーツを大きくつくると操作が簡単です。

【その５】

「共同編集で配信した課題が消えてしまう」

ワークシートや表、せっかく書き込んだ文字がどんどん消えてしまう・・・

→ 間違えて消してしまったら、落ち着いて、画面左上の元に戻すボタン ⤶ または、（Ctrl+Z）をクリックすると、もとに戻すことができることを伝えておきましょう。

はじめは失敗することもあると思います。不安もあるかもしれませんが、失敗を恐れず、どんどんチャレンジしてみてください。先生も児童生徒も経験からスキルアップすることが重要です。そして、少し余裕があれば、児童生徒たちにいろいろ試す時間をつくってあげることもよいと思います。そうすることで、児童生徒たち自身が、アプリやソフトの選択ができるようになったり、児童生徒たちから使い方のアイディアが生まれてきたりします。

❻ おすすめの練習

〜はじめての文字の書き込みや 操作の練習〜

◆ 「Jamboardでまちがいさがし」

図1　Jamboard「まちがいさがし」
まちがいさがし出典：小学図書館ニュースより

まちがいさがしの画像をJamboardに数枚貼り付けて、はじめてJamboardを使う児童たちに練習として配信しました。児童たちは、ペンでの書き込みの操作や色の指定、消しゴムの使い方やページを移動する操作を楽しみながら練習することができました。

◆ Jamboardでパズル

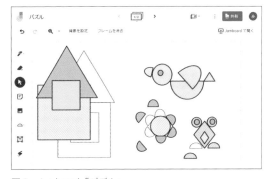

図2　Jamboard「パズル」

背景にパズルの下絵を設定し、図形でそれぞれのパーツを作って配信しました。

児童たちは、図形のパーツの移動や回転などの操作や好きな色を塗ったり、絵をかいたりして練習ができました。

無地のページに三角や丸などの同じパーツをいくつか用意しておき、かたちづくりを楽しむ学習もできます。

～はじめての共同編集の練習～
◆ Google スライドでしりとり

図3　Google スライド「しりとり用ワークシート」

背景にしりとりを書き込む枠を設定し、その上にテキストボックスを配置しておきます。そしてグループの数分ページを用意して配信し、自分のグループのページに書き込んでもらいました。初めて操作する児童たちは、他の班のページを消してしまったり、他の児童の回答を消してしまったりとトラブルが発生しました。共同編集にはハプニングがつきものなので、練習して慣れていくことが必要だと感じました。文字ではなく絵しりとりにしても楽しみながら共同編集の練習ができます。

❼ おわりに

司書と ICT 支援員を兼任して 10 年目となります。GIGA スクール構想がはじまり、情報端末があたりまえに日々の授業に活用されるようになりました。児童生徒 1 人ひとりに個別最適化され、情報の収集・共有の充実が見られるようになりました。授業中に疑問に思ったことを即座に調べ、グループやクラスの仲間と共有している姿から、探究のスピードが上がると同時に、学びが深化している様子がうかがえます。今では、児童生徒たちの学習において、情報端末は欠かせない文房具となっていることを感じます。今後は、さらに危険を察知・回避できる力も身につけながら自分を表現し発信する等、課題解決に向けての学びを深め、個別最適な学びと協働的な学びの一体的な充実を促進できるよう「安心・安全・快適」をモットーに支援していきたいと考えています。

写真3　教育実習生の Google Jamboard で共同編集を行った授業の様子（3 年生）

しかし、情報端末はあくまでもツールのひとつです。本や新聞、資料なども選択できるよう、図書館の学習センター・情報センターの役割を生かし連携していく必要もあります。児童生徒たちがそれぞれのよさに気づき、味わいながら取捨選択していけるようサポートしていくと共に、図書館の充実も図っていきたいと思っています。

おわりに 児童生徒とともに教員も成長する存在である

島田英昭 ●信州大学教育学部・教授・次世代型学び研究開発センター長

ここまで、さまざまな実践を紹介してきました。ここで、1つの疑問が浮かぶかもしれません。「なんで先生がこんなに面倒な実践紹介をしなければならないの？」という疑問です。その理由は、児童生徒とともに教員も成長する存在であるため、と考えています。その成長のための条件を2つ挙げてみましょう。

1つは経験、すなわちICTを使ってみることです。現行の学習指導要領の背景には、経験的な知識構成の要求があります。児童生徒に求められているのは、ICTの使い方を頭に詰め込むのではなく、試行錯誤して、既有の知識からパソコンの動きを予測して、時には上手に使い、時には失敗をしながら、道具として使いこなす方法を学ぶことです。

実はこの児童生徒に求められている経験は、教える側の教員にも求められているものです。試行錯誤して、既有の知識からICT環境における児童生徒の動きを予測して、時にはすばらしい授業実践を実感し、時には失敗に涙しながら、授業におけるICT活用について学んでいきます。私も大学の授業で、ビデオ講義や学生同士の議論を取り入れる等で試行錯誤を繰り返し、時には失敗をして反省し、実践を修正しながら学んでいます。

知的営みである授業を成立させるためには、知的道具であるICTを駆使することが不可欠になっています。そして、ICTはどんどん進化します。そのような環境の中で、教員も道具とともに学び続ける必要があるので

す。その試行錯誤の記録としてお読みいただき、ご批判いただき、次への学びの糧にしていただければと願います。

もう1つは、言語化です。現場には現場ならではの知見がたくさんあります。学校現場の経験がない私は、学校現場の知見を多くは知りませんが、役立つ知見が数多くあることは想像できます。それは、私が生きてきた大学教育や心理学研究の現場にもさまざまな知見が多くあることからも推測できます。そして、これらの知見を広く共有し、蓄積するための技術が言語化です。

言語化はそう簡単にできるものではありません。実践を客観的に振り返り、内省し、時には苦い経験と共に湧き上がる不快感情と向き合いながら言語化する作業は疲れるし辛いものでもあります。しかし、その言語化された成果により、自身の次の活動をより充実させるための資料になりますし、自身だけではなく他者にとっても活動のヒントになります。

人間が動物に比較して知的な文化をつくれた背景には言語化があります。言語化は教育現場だけでなく、社会を発展させる営みでもあります。このような実践事例を苦悩とともに提供してくださった教育実習生と教員に感謝します。人類の発展に必ず寄与するはずです。

児童生徒とともに教員も成長する存在であるために、今後も経験と言語化をくり返していく必要があります。その営みの1つとして本書をご覧いただければ幸いです。

●著者紹介

■監修者

堀田龍也　東北大学大学院情報科学研究科・教授
　　　　　信州大学教育学部附属
　　　　　次世代型学び研究開発センター・特任教授

■編著者

信州大学教育学部附属次世代型学び研究開発センター

■執筆者（掲載順）

村松浩幸　信州大学教育学部・教授・学部長

森下　孟　信州大学教育学部・准教授

佐藤和紀　信州大学教育学部・准教授

大畑健二　信州大学大学院教育学研究科・実務家教員

小倉光明　信州大学教育学部・助教

白鳥勝教　信州大学大学院教育学研究科・実務家教員

戸塚拓也　信州大学大学院教育学研究科・実務家教員

島田英昭　信州大学教育学部・教授
　　　　　次世代型学び研究開発センター長

笠原大弘　信州大学大学院教育学研究科・実務家教員

谷塚光典　信州大学大学院教育学研究科・准教授

原　洋平　信州大学大学院教育学研究科・実務家教員

下山真衣　信州大学教育学部・准教授

谷内祐樹　信州大学教育学部附属松本中学校・教頭

吾妻みどり　信州大学教育学部附属長野中学校 ICT 支援員

信州大学教育学部附属長野小学校

信州大学教育学部附属松本小学校

信州大学教育学部附属長野中学校

信州大学教育学部附属松本中学校

信州大学教育学部附属特別支援学校

Google ドキュメント、Google スプレッドシート、Google スライド、Google ドライブ、Google Meet、
Google Jamboard、Google Earth、Google Chat、Chromebook および YouTube は、Google LLC の商標です。

ICTを使いこなせる教員養成講座

1人1台端末とクラウド環境で授業できるようになるために

2023年 3月31日 初版発行

監修者 堀田龍也
編著者 信州大学教育学部附属次世代型学び研究開発センター
著 者 信州大学教育学部／教育学研究科／附属学校園
発行者 横山験也
発行所 株式会社さくら社
〒101-0051 東京都千代田区神田神保町 2-20 ワカヤギビル 5F
TEL：03-6272-6715 ／ FAX：03-6272-6716
https://www.sakura-sha.jp 郵便振替 00170-2-361913

ブックデザイン 佐藤 博
印刷・製本 中央精版印刷株式会社

ISBN978-4-908983-64-1 C0037

教員養成における
新必修ICT教育科目の授業事例集

教職課程の認定基準として新設・必修化された
「情報通信技術を活用した教育に関する理論及び方法」で育成すべき「3つのテーマ」
テーマ1◉情報通信技術の活用の意義と理論
テーマ2◉情報通信技術を効果的に活用した学習指導や校務の推進
テーマ3◉児童及び生徒に情報活用能力を育成するための指導法
この3つのテーマに沿ったカリキュラムを実践する信州大学の、
授業事例と授業で使用するワークシートのテンプレートをWebサイトで公開。
新科目に対応した授業の検討におススメです。

https://sites.google.com/view/teacher-training-curriculum/